乐享智趣 启迪思维

小学数学课堂教学研究

迟辉 著

河北大学出版社

·保定·

出 版 人：刘相美
责任编辑：陈学志
装帧设计：赵　谦
责任校对：陈浩苏
责任印制：常　凯

图书在版编目（CIP）数据

乐享智趣　启迪思维 ：小学数学课堂教学研究 / 迟辉著 .
-- 保定 ：河北大学出版社，2024.9. -- ISBN978-7-5666-2433-8
Ⅰ . G623.502
中国国家版本馆 CIP 数据核字第 2024XX3803 号

乐享智趣　启迪思维：小学数学课堂教学研究
LEXIANG ZHIQU QIDI SIWEI
XIAOXUE SHUXUE KETANG JIAOXUE YANJIU

出版发行：河北大学出版社
　地址：河北省保定市七一东路2666号　邮编：071000
　电话：0312-5073003　0312-5073029
　网址：www.hbdxcbs.com
　邮箱：hbdxcbs818@163.com
印　　刷：涿州市般润文化传播有限公司
幅面尺寸：170 mm × 240 mm
字　　数：204千字
印　　张：12.25
版　　次：2024年9月第1版
印　　次：2024年9月第1次印刷
书　　号：ISBN 978-7-5666-2433-8
定　　价：62.00 元

如发现印装质量问题，影响阅读，请与本社联系。
电话：0312-5073023

前　言

在当今社会，数学教育作为基础教育的重要组成部分，承载着培养学生逻辑思维、创新能力以及科学素养的重任。特别是在小学阶段，数学教育的质量直接关系到学生未来学习的基础和兴趣。因此，对小学数学课堂教学进行深入研究，探索更加科学、高效的教学方法与策略，具有重要的理论价值和实践意义。

《乐享智趣　启迪思维——小学数学课堂教学研究》一书，旨在全面梳理和探讨小学数学教学的理论与实践问题。本书从数学教育的发展历程、国际数学教育趋势、小学数学认知发展理论等多个角度出发，系统分析了小学数学教学的理论基础。同时，结合数字化时代的背景，探讨了科技创新与数学学科的融合，以及数学学习应用软件的设计与运用等前沿问题。

在教学内容上，本书详细阐述了数学思维的培养、数字化时代的数学教育、有效的教学方法与策略、丰富的教学资源与实践以及教学评估与反馈策略等。其中，数学思维的培养是小学数学教学的核心，本书通过具体的教学案例和方法，深入探讨了如何培养学生的逻辑思维能力、推理与证明能力以及创造性思维。同时，本书还关注数字化时代对小学数学教学的影响，并提出了利用科技手段提升教学效果的策略和方法。

在教学评估与反馈策略方面，本书强调了形成性评估的重要性，并介绍了多样化的评估工具与方法。同时，本书还探讨了反馈策略对学生学习动力的影响，以及个性化学习与教学评估的结合等问题，为小学数学教学的实践提供了有力的支持。

最后，本书还探讨了教师角色与家校合作的问题，强调了数学教师的专业素养与责任，以及构建有效的师生家庭三方沟通机制的重要性。同时，本书还提出了共建教育共同体的理念，为小学数学教育的未来发展指明了方向。

综上所述，《乐享智趣　启迪思维——小学数学课堂教学研究》是一本系统、全面、深入研究小学数学教学的专业书籍，对于广大教育工作者和研究者具有重要的参考价值。

目　　录

第一章　数学教育与小学数学教学理论概况

数学教育被广泛认为是培养逻辑思维、解决问题能力以及科学素养的关键。它不仅在科学、工程和技术领域发挥着核心作用，而且对于培养下一代的逻辑思维、创新能力和解决问题的能力至关重要。小学数学教学作为这一教育过程的基石，不仅承载着传授基础知识的责任，更是激发学生对数学兴趣和热情的摇篮，肩负着激发学生兴趣、建立数学基础和培养数学素养的三重任务。本章旨在提供一个关于小学数学教学理论的全面概述，从历史发展到现代教学实践，从理论模型到具体的背景分析，为教育工作者和研究人员提供一个坚实的理论基础。

第一节　数学教育的发展历程及其影响

作为教育体系中的核心学科之一，随着社会的演进和科技的进步，数学教育经历了从简单算术到复杂数学体系、从经验教学到科学教学的深刻变革。这一变革不仅体现了人类对数学知识理解的深化，也反映了教育理念和方法的创新。

一、近现代数学教育的变革与发展

（一）数学教育的早期形态

在数学的早期发展阶段，数学教育主要集中在基本的算术运算和几何知识上。这一时期的数学教育往往与日常生活紧密相连，强调实用性。然而，由于知识的局限性和教学方法的原始性，数学教育的效果并不理想，难以满足社会对数学知识的需求。

数学教育的起源可以追溯到古代文明，其中最具代表性的是古埃及和古希腊。古埃及的数学教育主要服务于建筑业和农业，而古希腊则在哲学和科学的影响下，逐渐将数学教育系统化。古希腊的数学家，如毕达哥拉斯和欧几里得，不仅发展了几何学，还强调数学的逻辑性和严密性，这为后来的数学教育奠定了基础。在古代中国，数学教育同样具有悠久的历史，《九章算术》作为中国古代数学的重要文献，系统总结了当时的数学知识和应用方法，对后世影响深远。中国古代的数学教育主要通过家族和私塾进行，教学内容侧重于实际应用，如天文、历法和工程技术等。

中世纪时期，欧洲的数学教育主要依附于宗教机构，数学知识被认为是神学研究的工具。这一时期，阿拉伯数学家的贡献尤为突出，他们不仅保存和传播了古希腊的数学成果，还在此基础上有所创新，如引入了代数学。

文艺复兴时期，随着科技革命的兴起，数学教育重新焕发出新的活力。意大利的数学家卡尔达诺和英国的牛顿在代数学和微积分领域取得了重大突破，这些成就不仅推动了数学本身的发展，也深刻影响了教育内容和方法的改革。

（二）近代数学教育的兴起

进入近现代，数学教育逐渐成为各国基础教育的重要组成部分。18 世纪末和 19 世纪初，随着工业革命的推进，数学教育的重要性日益凸显。法国的拉普拉斯和德国的高斯等数学家不仅在数学研究中取得了卓越的成就，也在数学教育方面进行了探索和实践。

随着文艺复兴和启蒙运动的兴起，数学作为自然科学的基础学科，开始受到广泛关注。数学教育的目标也从简单的算术运算扩展到对复杂数学问题的解决。同时，数学的教学方法也开始发生变革，逐渐从经验教学转向科学教学。这一时期，数学教育得到了长足的发展，为现代数学教育的形成奠定了基础。

（三）现代数学教育的形成

20 世纪以来，数学教育经历了多次改革。20 世纪 50 年代，新数学运动（New Math Movement）在欧美国家兴起，强调数学的抽象性和结构性，尽管这一运动在实践中遇到了一些困难，但它推动了数学教育理论的发展。近年来，信息技术的迅猛发展对数学教育产生了深远的影响，数字化教学工具和在线资源的广泛应用，使得数学教育更加灵活和多样化。

进入 20 世纪后，数学教育进入了一个全新的发展阶段。随着数学的深入研究和广泛应用，数学教育的内容不断丰富和深化。同时，教育心理学、认知科学等相关学科的发展也为数学教育提供了新的理论基础。现代数学教育强调培养学生的数学素养和问题解决能力，注重数学教学的科学性和有效性。

（四）近现代数学教育的变革

近现代数学教育的变革主要体现在以下几个方面。

1. 课程内容的更新

随着数学研究的深入，许多新的数学分支和领域被引入到小学数学课程中。例如，概率统计、初步的代数和几何知识等。这些新内容的引入，不仅丰富了数学课程的内容，也为学生提供了更广阔的数学视野。

2. 教学方法的创新

传统的教学方法往往注重知识的灌输和记忆，而近现代数学教育则更加注重学生的主体性和参与性。教师开始采用探究式、合作式等教学方法，引导学生主动思考、合作交流，从而提高学生的数学素养和问题解决能力。

3. 教学技术的革新

随着信息技术的快速发展，现代教育技术在数学教育中的应用越来越广泛。多媒体教学、网络教学等新型教学技术的应用，使得数学教学更加生动、直观和有趣。同时，这些技术也为学生提供了更多的学习资源和途径，促进了学生的自主学习和发展。

4. 教育理念的更新

近现代数学教育强调培养学生的数学素养和问题解决能力，而不仅仅是数学知识的传授。这一教育理念的更新，使得数学教育更加注重学生的全面发展，为学生的未来生活和职业发展奠定了坚实的基础。

（五）近现代数学教育的影响

近现代数学教育的变革和发展对小学数学教育产生了深远的影响。新的数学课程和教学方法的引入，使得小学数学教育更加贴近学生的实际需求和发展水平，提高了学生的学习兴趣和参与度。现代教育技术的应用，使得数学教学更加生动、直观和有趣，提高了教学效果和质量。

另外，数学教育理论的不断更新，为小学数学教学提供了坚实的理论基础。例如，皮亚杰的认知发展理论强调儿童在具体运算阶段的思维特点，这为小学数学教学提供了重要的参考。历史上的数学教育实践经验，为现代小学数学教学提供了丰富的借鉴。例如，蒙台梭利教育法强调通过感官训练和操作活动来培养儿童的数学思维，这一理念在现代小学数学教学中得到广泛应用。此外，信息技术的发展使得现代小学数学教学工具和方法更加多样化。通过使用多媒体课件、数学学习软件和在线教育平台，教师可以更有效地激发学生的学习兴趣，提高教学效果。

综上所述，近现代数学教育的变革和发展不仅推动了数学教育的进步和发展，也为小学数学教育提供了新的思路和方向。在未来的发展中，我们应该继续深化数学教育的改革和创新，为培养更多具有数学素养和问题解决能力的人才做出更大的贡献。

二、数学教育对社会发展的贡献

（一）数学教育与科技进步

数学作为自然科学和社会科学的基础，对科技进步的推动作用不言而喻。数学教育的深入发展，为社会培养了大批具有扎实数学基础和创新能力的人才，这些人才在科技领域中发挥着重要的作用。

首先，数学教育为科技研究提供了坚实的理论基础。无论是物理学、化学、生物学还是计算机科学等领域，都离不开数学的支持。数学教育的普及和深化，使得更多的人能够掌握数学的基本知识和方法，为科技研究提供了源源不断的创新动力。

其次，数学教育培养了科技人才的逻辑思维和问题解决能力。数学是一门严谨的学科，它要求人们具有严密的逻辑思维和精确的计算能力。通过数学教育，人们可以培养自己的逻辑思维和问题解决能力，这些能力在科技研究中具有重要的应用价值。

最后，数学教育促进了科技成果的转化和应用。数学不仅是理论学科，更是应用学科。数学教育使人们能够运用数学知识和方法解决实际问题，促进科技成果的转化和应用。例如，在信息技术领域，数学教育使人们能够设计和优化算法，提高数据处理和传输的效率；在人工智能领域，数学教育使人们能够建立模型和算法，使机器能够学习和理解人类的行为和思维。

（二）数学教育与经济发展

数学在经济领域的应用已经成为现代经济学的基础。数学教育的普及和深化，为经济发展提供了强有力的支持。

首先，数学教育为经济分析提供了科学的工具和方法。经济学理论中的大部分模型都是建立在数学基础之上的。通过运用微分方程、概率论等数学工具，可以解决一系列的经济问题。数学教育的普及和深化，使得更多的人能够掌握这些工具和方法，为经济分析提供了科学的支持。

其次，数学教育促进了金融市场的稳定和繁荣。金融市场是经济活动的重要组成部分，其稳定与否直接关系到经济的健康发展。数学教育使人们能够理解和应用金融市场的运行规律，为金融市场的稳定和繁荣提供了有力的保障。

最后，数学教育推动了经济决策的科学化。经济决策是经济活动中的重要环节，其正确与否直接关系到企业的生存和发展。数学教育使人们能够运用数学知识和方法对经济数据进行分析和预测，为经济决策提供了科学的依据。

（三）数学教育与人才培养

数学教育的普及和深化，为社会培养了大量高素质的人才。这些人才在各个领域中都发挥着重要的作用，为社会的发展做出了巨大的贡献。

首先，数学教育培养了学生的逻辑思维和创新能力。数学是一门严谨的学科，它要求人们具有严密的逻辑思维和精确的计算能力。通过数学教育，学生可以培养自己的逻辑思维和创新能力，这些能力在未来的工作和生活中具有重要的应用价值。

其次，数学教育提高了学生的综合素质。数学教育不仅注重知识的传授，更注重能力的培养。通过数学教育，学生可以锻炼自己的问题解决能力、团队合作能力和自主学习能力等，提高自己的综合素质。

最后，数学教育为学生提供了更多的发展机会。随着科技的进步和经济的发展，越来越多的领域需要具有数学知识和能力的人才。数学教育的普及和深化，为学生提供了更多的发展机会和选择空间。

综上所述，数学教育对社会发展的贡献是巨大的。它不仅推动了科技进步和经济发展，还为社会培养了大量高素质的人才。在未来的发展中，我们应该继续深化数学教育的改革和创新，为社会的持续进步和发展做出更大的贡献。

三、数学教育在不同文化背景下的比较分析

（一）东方文化背景下的数学教育

东方文化，特别是中国、日本和韩国等亚洲国家，在数学教育方面展现出了独特的风格和特点。这些文化背景下的数学教育，强调基础知识的扎实掌握和计算技能的培养，体现了对数学严谨性和精确性的追求。

首先，东方文化背景下的数学教育注重学生对数学概念和原理的深入理解。这种教育模式强调学生对数学概念和原理的掌握，以及对其背后逻辑关系的理解。通过大量的练习和巩固，学生能够在数学学习中建立起坚实的基础，为后续的学习和发展奠定良好的基础。

其次，东方文化背景下的数学教育强调计算技能的培养。在数学学习中，计算技能是必不可少的。东方文化背景下的数学教育通过大量的计算练习和技能训练，使学生能够快速、准确地完成数学运算，提高了学生的计算能力和效率。

再次，东方文化背景下的数学教育还注重学生的集体合作和教师的权威性。在数学教学中，教师往往扮演着权威的角色，对学生进行指导和监督。同时，学生之间的集体合作也是非常重要的，通过相互学习和交流，学生能够共同进步，提高学习效果。

（二）西方文化背景下的数学教育

与东方文化背景下的数学教育相比，西方文化背景下的数学教育展现出了不同的风格和特点。这种教育模式更加注重学生的创造性思维和批判性思维的培养，以及数学在实际生活中的应用。

首先，西方文化背景下的数学教育注重学生的独立思考和问题解决能力。在数学教学中，教师鼓励学生自主思考、提出问题和解决问题。通过

这种方法，学生能够培养自己的独立思考能力和问题解决能力，为未来的学习和生活打下坚实的基础。

其次，西方文化背景下的数学教育注重数学在实际生活中的应用。在数学教学中，教师会引导学生将数学知识与实际问题相结合，让学生在实际生活中应用数学知识。这种教学方法能够使学生更好地理解数学的意义和价值，提高学生的学习兴趣和动力。

再次，西方文化背景下的数学教育还注重学生的个人发展和自主学习。在数学教学中，教师会鼓励学生自主学习、探索和实践。学生可以根据自己的兴趣和特长选择适合自己的学习方式和学习内容，发挥自己的创造力和想象力。

（三）不同文化背景下数学教育的比较分析

通过对东方和西方文化背景下数学教育的比较分析，我们可以看到它们之间的异同和优劣。东方文化背景下的数学教育注重基础知识的扎实掌握和计算技能的培养，有助于学生在数学学习中建立起坚实的基础；而西方文化背景下的数学教育注重学生的创造性思维和批判性思维的培养，以及数学在实际生活中的应用，有助于培养学生的创新能力和实践能力。

然而，不同文化背景下的数学教育也存在一些问题和挑战。例如，东方文化背景下的数学教育过于强调基础知识和计算技能的培养，可能导致学生缺乏独立思考和问题解决能力；而西方文化背景下的数学教育过于注重学生的个人发展和自主学习，可能导致学生缺乏必要的纪律性和规范性。

因此，在未来的数学教育中，我们应该结合不同文化背景下的数学教育特点，取长补短、相互借鉴。在强调基础知识和计算技能培养的同时，也要注重学生的创造性思维和批判性思维的培养；在注重数学实际应用的同时，也要注重学生的个人发展和自主学习。只有这样，我们才能够培养出更多具有全面素质和创新能力的数学人才，为社会的持续进步和发展做出更大的贡献。

第二节 国际数学教育趋势及对小学教学的启示

在全球化的时代背景下，数学教育正呈现出多元化、国际化、技术化和个性化的主要趋势。这些趋势不仅反映了数学教育的发展方向，也为小学数学教学提供了重要的启示。

一、全球数学教育的主要趋势

（一）多元化趋势

随着全球化进程的加速，数学教育逐渐呈现出多元化的趋势。这种多元化不仅体现在数学教学内容上，也体现在教学方法、教学手段和教学评价等多个方面。

在数学教学内容上，多元化趋势表现为各国数学课程内容的差异化和丰富化。各国根据自身的文化传统、教育理念和科技发展水平，制定了具有特色的数学课程标准和教学大纲。同时，国际间的数学交流与合作也日益频繁，数学教学内容国际化趋势日益加深。

在教学方法上，多元化趋势表现为教学方法的多样化和个性化。传统的讲授式教学已经无法满足现代学生的需求，更多的教师开始尝试采用探究式、合作式、项目式等教学方法，以激发学生的学习兴趣和主动性。同时，个性化教学也成为了数学教学的重要趋势，教师更加注重学生的个体差异和学习需求，为学生提供更加精准的教学服务。

在教学手段上，多元化趋势表现为教学技术的广泛应用和创新。现代信息技术的应用使得数学教学更加生动、直观和高效。例如，多媒体教学、网络教学、虚拟实验室等教学手段已经广泛应用于数学教学中，为学生提供了更加丰富的学习资源和体验。

在教学评价上，多元化趋势表现为评价方式的多样化和科学化。传统的评价方式往往注重学生的知识掌握和考试成绩，而现代的评价方式则更加注重学生的能力发展和综合素质。例如，表现性评价、过程性评价、档案袋评价等方式已经被广泛应用于数学教学中，更加全面、客观地评价学生的学习成果。

（二）国际化趋势

国际化趋势是全球数学教育的重要趋势之一。随着全球化的加速推进，各国之间的数学交流与合作日益频繁，促进了数学教育的国际化。

在国际数学教育的交流中，各国不仅分享了各自的教学经验和成果，也借鉴和学习了其他国家的优秀做法。这种交流和合作有助于各国数学教育之间的互补和共同进步。

同时，国际化趋势也表现为数学教育内容的国际化和教学方法的国际化。在数学教育内容上，各国开始引入国际先进的数学概念和方法，以培养学生的全球意识和国际竞争意识。在教学方法上，各国也开始注重培养学生的自主学习能力和团队合作能力，鼓励学生通过合作、讨论和交流来解决数学问题。

（三）技术化趋势

技术化趋势是全球数学教育的又一重要趋势。随着信息技术的快速发展，现代教育技术在数学教育中的应用越来越广泛。

一方面，现代教育技术的应用使得数学教学更加生动、直观和高效。例如，多媒体教学、网络教学、虚拟实验室等教学手段可以为学生提供更加真实、丰富的学习体验。同时，这些技术手段也可以帮助教师更好地进行课堂管理和教学评估。

另一方面，现代教育技术的应用也促进了数学教育的个性化发展。通过运用大数据、人工智能等先进技术，教师可以更加精准地分析学生的学习情况和需求，为学生提供个性化的学习方案和教学服务。这种个性化教学方式有助于激发学生的学习兴趣和主动性，提高学生的学习效果。

（四）个性化趋势

个性化趋势是全球数学教育的又一显著特征。随着教育理念的不断更新和发展，越来越多的教师开始注重学生的个体差异和学习需求，为学生提供个性化的学习服务。

在个性化教学中，教师会根据学生的学习特点、兴趣爱好和学习需求等因素，制订具有针对性的教学计划和教学方案。同时，教师也会注重培养学生的自主学习能力和团队合作能力，鼓励学生通过自主探索和合作学习来解决问题。这种个性化教学方式有助于激发学生的学习兴趣和创造力，促进学生的全面发展。

二、发达国家小学数学教学的先进经验

（一）注重学生数学兴趣与动机的激发

在发达国家的小学数学教学中，教育者普遍重视对学生数学兴趣与动机的激发。他们认识到，兴趣是学生学习的最大动力，而动机则是推动学生持续学习的关键因素。

1. 创设丰富的数学情境

发达国家的教师善于将数学知识融入日常生活和实际问题中，创设丰富多样的数学情境。例如，通过游戏、故事、实验等方式，让学生在轻松愉快的氛围中感受数学的魅力，从而激发学生的学习兴趣。这种教学方式不仅有助于学生更好地理解数学知识，还能培养学生的数学应用能力和问题解决能力。

2. 鼓励学生的自主探索

发达国家的教师注重培养学生的自主性和独立性，鼓励他们通过自主探索来发现数学规律、解决问题。教师会提供丰富的数学素材和工具，如计算器、几何模型等，让学生自由地进行数学实验和探究。这种教学方式能够激发学生的学习兴趣和好奇心，培养他们的创新精神和实践能力。

3. 多样化的评价方式

发达国家的教师一般采用多样化的评价方式，不仅关注学生的知识掌握情况，还注重评价学生的学习过程、学习态度和学习方法。他们通过口头评价、书面评价、小组评价等方式，全面了解学生的学习情况，并根据学生的表现给予及时的反馈和指导。这种评价方式能够激发学生的学习动机和自信心，促进他们的全面发展。

（二）注重数学基础知识的扎实掌握

发达国家的小学数学教学非常注重基础知识的扎实掌握，认为这是学生未来数学学习和发展的基础。

1. 强调数学概念的深入理解

发达国家的教师注重学生对数学概念的深入理解，通过举例、比较、归纳等方式，帮助学生建立清晰、准确的数学概念。他们还会引导学生将数学概念与实际问题相联系，加深对数学概念的理解和应用。

2. 注重数学技能的训练

发达国家的教师注重数学技能的训练，通过大量的练习和巩固，帮助学生掌握基本的数学运算、几何图形、数据分析等技能。他们还会根据学生的实际情况，设计不同难度的练习题和拓展题，以满足不同学生的需求。

3. 强调数学思维的培养

发达国家的教师注重数学思维的培养，通过引导学生观察、分析、推理、归纳等思维活动，培养他们的逻辑思维和创新思维。他们还会鼓励学生提出自己的见解和想法，培养他们的批判性思维和独立思考能力。

（三）注重数学与其他学科的融合

发达国家的小学数学教学注重数学与其他学科的融合，认为这是培养学生综合素质和跨学科能力的重要途径。

1. 与科学、工程等学科的融合

发达国家的教师注重将数学与科学、工程等学科相结合，通过跨学科的教学项目和研究活动，培养学生的综合应用能力和创新能力。例如，在数学教学中引入物理、化学等科学概念，让学生在解决实际问题的过程中掌握数学知识；或者通过设计和制作数学模型、机器人等工程项目，培养学生的实践能力和创新精神。

2. 与语言、艺术等学科的融合

发达国家的教师还注重将数学与语言、艺术等学科相结合，通过跨学科的教学活动和项目，培养学生的文化素养和审美能力。例如，在数学教学中引入文学作品中的数学元素，让学生通过阅读和讨论来感受数学的魅力；或者通过设计和制作数学艺术作品，培养学生的创造力和想象力。

（四）注重教师的专业发展

发达国家的小学数学教学注重教师的专业发展，认为这是提高数学教学质量和水平的关键因素。

1. 提供丰富的培训资源

发达国家的教育部门会为教师提供丰富的培训资源和机会，包括专业培训课程、研讨会、教学观摩等。这些培训资源可以帮助教师不断更新教育观念和教学方法，提高专业素养和教学能力。

2. 鼓励教师参与教学研究

发达国家的教师被鼓励参与教学研究活动，通过实践和研究来探索新的教学方法和策略。这种教学研究活动不仅可以提高教师的教学水平，还可以促进教育改革的深入发展。

3. 建立教师交流平台

发达国家的教育部门会建立教师交流平台，让教师们可以分享自己的教学经验和成果，互相学习和借鉴。这种交流平台可以促进教师之间的合作和交流，提高整个教师队伍的教学质量和水平。

三、国际数学教育标准与小学教学的对接

（一）国际数学教育标准的概述

在国际教育背景下，作为指导数学教学和评估的重要工具，数学教育标准的影响力和重要性日益凸显。国际数学教育标准通常包括课程目标、教学内容、教学方法、学习评价等方面的具体要求，旨在促进学生的数学素养和问题解决能力的发展。

首先，国际数学教育标准强调课程目标的多元化。除了传统的数学知识与技能目标外，还注重培养学生的数学思维能力、问题解决能力、情感态度与价值观等。这些目标的设定旨在促进学生的全面发展，提高他们的数学素养和终身学习的能力。

其次，国际数学教育标准强调教学内容的广泛性和深度。它涵盖了数与代数、图形与几何、统计与概率等多个领域的内容，并注重内容的层次性和递进性。同时，国际数学教育标准还强调数学与实际问题的联系，鼓励学生将数学知识应用于生活和社会实践中。

再次，国际数学教育标准注重教学方法的多样性和灵活性。它提倡采用探究式、合作式、项目式等教学方法，以激发学生的学习兴趣和主动性。同时，国际数学教育标准还强调利用现代信息技术手段辅助教学，提高教

学效果和效率。

最后，国际数学教育标准强调学习评价的全面性和科学性。它提倡采用多种评价方式和方法，全面了解学生的学习情况和发展水平。同时，国际数学教育标准还注重评价结果的反馈和指导，以帮助学生更好地认识自己的优点和不足，促进他们的持续发展。

（二）国际数学教育标准与小学教学的对接策略

将国际数学教育标准与小学教学进行对接，是提高小学数学教学质量和水平的重要途径。以下是一些具体的对接策略。

1. 明确对接目标

需要明确对接的目标，即希望通过对接达到什么效果。这包括提高学生的数学素养、培养学生的问题解决能力、促进教师的专业发展等方面。明确目标有助于为对接工作提供明确的方向和指引。

2. 分析小学教学的现状

需要对小学教学的现状进行深入分析。这包括了解学生的学习情况、教师的教学水平、教学资源和环境等方面的情况。通过分析现状，可以发现存在的问题和不足，为对接工作提供有针对性的改进措施。

3. 制订对接方案

在明确目标和分析现状的基础上，需要制订具体的对接方案。这包括确定对接的内容、方法、步骤和时间表等方面。对接方案应该具有可操作性和可评估性，以确保对接工作的顺利进行和取得实效。

一是对接内容的确定。在对接内容的确定上，应该根据国际数学教育标准的要求和小学教学的实际情况进行选择。可以重点对接课程目标、教学内容、教学方法和学习评价等方面。在对接过程中，需要注重内容的层次性和递进性，确保学生能够在不同年级和阶段逐步掌握和深化数学知识。

二是对接方法的选择。在对接方法的选择上，应该注重方法的多样性和灵活性。可以采用翻译、解释、比较、融合等方法进行对接。例如，可以将国际数学教育标准中的课程目标翻译为中文，以便教师更好地理解；可以将国际数学教育标准中的教学方法与小学教学中的教学方法进行比较和融合，以提高教学效果和效率。

三是对接步骤的安排。在对接步骤的安排上，应该注重步骤的合理性和可行性。可以首先进行对接内容的确定和方法的选择，然后进行具体实施和评估反馈。在实施过程中，需要注重与教师的沟通和合作，确保对接工作的顺利进行。同时，还需要建立评估机制，对对接工作的效果进行定期评估和反馈，以便及时发现问题并进行改进。

4. 实施对接方案

在制订好对接方案后，需要按照方案进行具体实施。这包括组织教师培训、调整教学内容和方法、改进学习评价等方面的工作。在实施过程中，需要注重与教师的沟通和合作，确保教师能够充分理解和支持对接工作。同时，还需要注重学生的反馈和意见，及时调整和改进对接方案。

5. 评估与反馈

最后，需要对对接工作的效果进行评估和反馈。这包括收集学生的学习数据、教师的教学反馈等方面的信息，对对接工作的效果进行全面评估。同时，还需要根据评估结果提出改进建议，为下一轮对接工作提供参考和借鉴。

通过以上对接策略的实施，可以实现国际数学教育标准与小学教学的有效对接，提高小学数学教学的质量和水平，为学生的数学素养和终身学习能力的发展奠定坚实基础。

四、国际视野下的小学数学教学改革策略

随着全球化进程的不断推进，国际间教育交流与合作日益频繁，小学数学教学改革也呈现出国际化的趋势。在这一背景下，我国小学数学教育需要借鉴国际先进经验，结合本土实际，探索适合自身发展的改革策略。

（一）引入国际先进教学理念与模式

引入国际先进教学理念是小学数学教学改革的重要方向。例如，国际上倡导的“以学生为中心”的教育理念，强调学生的主体性和参与度，提倡通过项目式学习、合作学习等方式激发学生的学习兴趣和积极性。在小学数学教学中，可以借鉴这些理念，通过设计富有挑战性的数学问题、开展数学实践活动等方式，让学生主动参与到数学学习中来，提高他们的数学素养和解决问题的能力。

同时，引入国际先进的教学模式也是小学数学教学改革的必要措施，

例如翻转课堂模式、混合式学习模式等。这些模式通过整合线上线下教学资源，实现个性化教学和自主学习，有助于提高学生的数学学习兴趣和学习效果。在小学数学教学中，可以结合实际情况，尝试运用这些模式，创新教学方式和方法，提高教学质量。

（二）加强国际间教育交流与合作

加强国际间教育交流与合作是小学数学教学改革的重要途径。通过与国际先进教育机构的交流与合作，可以了解国际上最新的教育理念、教学方法和教学资源，为我国小学数学教学改革提供借鉴和参考。同时，也可以与国际同行分享我国小学数学教育的经验和成果，促进国际间教育的共同发展。

在国际交流与合作中，可以组织教师参加国际学术会议、研讨会和研修班等活动，了解国际上最新的研究成果和教学动态。同时，也可以邀请国际知名教育专家来华讲学、指导教学实践等活动，提高我国小学数学教师的专业素养和教学能力。此外，还可以开展学生之间的国际交流活动，如组织国际数学竞赛、数学文化交流活动等，让学生感受不同国家的数学文化和教育特色，拓宽他们的国际视野。

（三）注重数学核心素养的培养

在国际视野下的小学数学教学改革中，应注重数学核心素养的培养。数学核心素养是指学生在学习数学过程中形成的具有数学基本特征的关键能力和思维品质，包括数学抽象、逻辑推理、数学建模、直观想象、数学运算和数据分析等六个方面。这些素养的培养对于提高学生的数学学习兴趣和创新能力具有重要意义。

在小学数学教学中，应注重培养学生的数学核心素养。首先，要引导学生从具体情境中抽象出数学问题，理解数学概念和定理的本质；其次，要通过逻辑推理和证明等方式，培养学生的逻辑思维能力；再次，要引导学生通过数学建模解决实际问题，提高他们的数学应用能力；最后，要注重培养学生的直观想象能力和数据分析能力，帮助他们更好地理解和应用数学知识。

（四）推进信息技术与数学教学的深度融合

在信息化时代，推进信息技术与数学教学的深度融合是小学数学教学改革的重要方向。通过运用信息技术手段，可以丰富数学教学资源、创新教学方式和方法、提高教学效果和质量。

在小学数学教学中，可以运用多媒体课件、数学软件等信息化教学资源，帮助学生更好地理解和掌握数学知识。同时，也可以利用网络平台和社交媒体等信息化工具，开展线上教学和互动交流等活动，拓展学生的学习空间和时间。此外，还可以利用大数据和人工智能等技术手段，对学生的数学学习情况进行精准分析和评估，为教学提供科学依据和决策支持。

总之，在国际视野下的小学数学教学改革中，需要引入国际先进教学理念与模式、加强国家间教育交流与合作、注重数学核心素养的培养以及推进信息技术与数学教学的深度融合等策略。这些策略的实施将有助于提高我国小学数学教育的质量和水平，培养具有国际竞争力的数学人才。

第三节 小学数学认知发展理论

在小学数学教育领域，数学认知发展理论占据着核心地位，它为理解和指导儿童的数学学习过程提供了理论框架。数学认知发展不仅涉及数学知识的积累，更关注儿童数学思维能力和问题解决能力的发展。

一、儿童数学认知发展的阶段性特征

儿童数学认知发展是一个复杂而连续的过程，它遵循一定的阶段性规律。这些阶段性特征不仅揭示了儿童数学认知的普遍规律，也为教育工作者提供了指导儿童数学学习的科学依据。

（一）直观操作阶段

在直观操作阶段，儿童主要依赖于感官和运动来探索数学现象，建立数学概念和关系。他们通过触摸、摆弄、比较等操作活动，感知数学对象的形状、大小、数量等属性，形成初步的数学认知。在这一阶段，教育工作者应为儿童提供丰富的数学材料和操作机会，让他们在实践中感知数学、体验数学，为后续的数学认知发展奠定基础。

（二）具体形象阶段

随着儿童年龄的增长和认知水平的提高，他们逐渐进入具体形象阶段。在这一阶段，儿童能够运用表象进行思维，将直观操作中的数学经验转化为具体的数学形象。他们开始理解简单的数学概念，如数的概念、量的概念、空间概念等，并能够运用这些概念进行简单的数学运算和问题解决。教育工作者在这一阶段应关注儿童表象思维的发展，通过图形、模型等直观教学手段，帮助他们形成正确的数学形象，促进数学认知的深化。

（三）抽象逻辑思维阶段

在抽象逻辑思维阶段，儿童的数学认知开始进入更高层次的发展阶段。他们能够理解更复杂的数学概念，如函数、比例、概率等，并能够运用这些概念进行抽象思维和逻辑推理。在这一阶段，儿童的数学能力不仅表现在数学知识的积累上，更体现在数学思维能力和问题解决能力的提升上。教育工作者应关注儿童抽象逻辑思维的发展，通过设计富有挑战性的数学问题、开展数学探究活动等方式，激发他们的数学兴趣和探究欲望，促进数学认知的深入发展。

（四）数学认知发展的连续性与阶段性

需要指出的是，儿童数学认知发展的阶段性特征并不是孤立的，而是相互关联、相互渗透的。在每个阶段，儿童都会表现出一定的数学认知特点和发展水平，但这些特点和发展水平并不是完全独立的，而是与其他阶段相互联系的。因此，教育工作者在指导儿童数学学习时，应充分考虑数学认知发展的连续性与阶段性特点，采取合适的教学策略和方法，促进儿童数学认知的全面发展。

（五）个体差异与数学认知发展

此外，儿童数学认知发展还存在显著的个体差异。不同儿童在数学认知发展速度、方式和水平上都可能存在差异。这些差异可能受到遗传、环境、教育等多种因素的影响。因此，教育工作者在指导儿童数学学习时，应关注个体差异，尊重每个儿童的发展特点和需求，采用个性化的教学策略和方法，以满足不同儿童的数学学习需求。

（六）数学认知发展与教育实践的互动

数学认知发展理论不仅为教育实践提供了指导，同时也受到教育实践的影响。教育实践中的教学策略、教学方法和教学资源等因素都可能影响儿童的数学认知发展。因此，教育工作者应不断探索和实践适合儿童数学认知发展的教学策略和方法，同时关注教育实践对数学认知发展理论的反馈和修正，以推动数学认知发展理论与教育实践之间的互动和发展。

总之，儿童数学认知发展的阶段性特征是小学数学教育的重要理论基础。教育工作者应充分了解这些特征，结合教育实践，采取合适的教学策略和方法，促进儿童数学认知的全面发展。同时，也应关注个体差异和教育实践对数学认知发展理论的影响，不断推动数学认知发展理论与教育实践之间的互动和发展。

二、认知发展理论与小学数学教学的结合

在小学数学教学中，认知发展理论提供了重要的理论基础和指导原则，有助于我们更深入地理解儿童的数学学习过程，并设计出更符合他们认知发展规律的教学活动。以下将详细探讨认知发展理论与小学数学教学的结合。

（一）认知发展理论与小学数学教学目标的制定

小学数学教学目标的制定应当紧密结合儿童的认知发展水平。根据皮亚杰的认知发展理论，儿童的认知发展经历了不同的阶段，每个阶段都有其特定的认知特点和能力水平。因此，在制定小学数学教学目标时，我们应当充分考虑儿童的认知发展水平，确保教学目标既不过于超前，也不过于滞后，而是能够真正激发儿童的学习兴趣和动力，促进他们的数学能力发展。

具体来说，在小学数学教学的初期阶段，我们应将教学目标设定为培养儿童的基本数学感知和操作能力，如认识数字、形状、空间等基本概念，能够进行简单的数学运算等。随着儿童认知水平的提高，我们可以逐渐提高教学目标的难度和要求，如引入更复杂的数学概念、培养学生的逻辑思维能力和问题解决能力等。

（二）认知发展理论与小学数学教学内容的选择

小学数学教学内容的选择也应当符合儿童的认知发展规律，应当根据儿童的认知特点和能力水平，选择适合他们的数学概念和知识点。同时，

我们还应当注重教学内容的连贯性和系统性，确保学生能够在学习过程中逐渐建立起完整的数学知识体系。

例如，在引入数的概念时，我们可以从儿童熟悉的事物入手，如苹果、糖果等，让他们通过实际操作和感知来理解数的概念。在引入加减法等基本运算时，我们可以利用具体的情境和问题，让学生在实际操作中掌握运算的方法和技巧。

（三）认知发展理论与小学数学教学方法的创新

认知发展理论还为我们创新小学数学教学方法提供了思路。根据儿童的认知发展特点，我们可以采用多种教学方法和手段来激发他们的学习兴趣和动力。

1. 直观演示法

利用实物、模型等直观教具进行演示，帮助学生形成正确的数学形象和概念。例如，在教授几何图形时，我们可以利用各种形状的积木、拼图等实物进行演示，让学生观察、比较和操作，从而理解图形的特点和性质。

2. 启发引导法

通过提出问题、设置悬念等方式引导学生主动思考和探究，培养他们的自主学习能力和创新思维。例如，在教授分数时，我们可以设计一些有趣的问题情境，让学生思考如何用分数来表示某个量或比例，从而激发他们的学习兴趣和探究欲望。

3. 游戏化教学

利用游戏的形式进行数学教学，让学生在轻松愉快的氛围中学习和掌握数学知识。例如，在教授加减法时，我们可以设计一些数学游戏，让学生在游戏中进行数学运算和比较大小等活动，从而加深对数学知识的理解和掌握。

4. 情境模拟法

将数学知识与实际生活情境相结合，让学生在模拟的情境中学习和运用数学知识。例如，在教授货币单位时，我们可以设置一个购物场景，让学生扮演买家和卖家进行交易活动，从而理解货币单位的含义和用法。

通过采用这些创新的教学方法和手段，我们可以更好地激发儿童的学习兴趣和动力，进而提高他们的数学能力。同时，我们也应当注意不同教学方法之间的协调和配合，确保它们能够相互补充、相互促进，共同为儿童的数学学习提供有力支持。

（四）认知发展理论与小学数学教学评价的优化

在小学数学教学评价中，我们也应当充分考虑儿童的认知发展水平。传统的评价方式往往过于注重学生的知识掌握情况，而忽视了他们的学习过程和能力发展。然而，根据认知发展理论，学生的数学学习过程和能力发展同样重要。因此，在评价学生的数学学习时，我们应当采用多元化的评价方式和方法，全面评价学生的知识掌握情况、学习过程和能力发展等情况。

具体来说，我们可以采用自我评价、同伴评价和教师评价相结合的方式来进行评价。通过自我评价，学生可以反思自己的学习过程和表现，发现自己的优点和不足；通过同伴评价，学生可以相互交流和分享学习经验和成果，促进知识的共享和传递；通过教师评价，教师可以及时了解学生的学习情况和问题，并给出相应的指导和建议。此外，我们还可以采用一些具体的评价工具和方法，如学习档案袋、观察记录表等，来记录学生的学习过程和表现，为评价提供更为全面和客观的依据。

总之，认知发展理论与小学数学教学的结合具有重要的理论和实践意义。通过深入理解和应用认知发展理论，我们可以更好地指导小学数学教学实践，提高教学质量和效果。同时，我们也应当不断探索和创新教学方法和手段，为儿童的数学学习提供更为丰富和有趣的学习体验。

三、促进儿童数学认知发展的教育策略

儿童数学认知的发展是一个复杂且动态的过程，它受到多种因素的影响，包括儿童的个体差异、学习环境、教学方法等。为了有效地促进儿童数学认知的发展，我们需要从多个角度出发，制定并实施有针对性的教育策略。

（一）基于认知发展阶段的个性化教学策略

儿童的数学认知发展具有明显的阶段性特征，每个阶段都有其特定的认知特点和能力水平。因此，为了促进儿童的数学认知发展，我们需要根据他们的认知发展阶段制定个性化的教学策略。

1. 针对直观操作阶段的儿童

在这一阶段，儿童主要通过感官和运动来探索数学现象。因此，我们可以采用直观演示法、游戏化教学等方法，让儿童在动手操作中感知数学、体验数学。例如，在教授简单的加减法时，我们可以利用实物或玩具进行演示，让儿童通过实际操作来理解加法和减法的意义。

2. 针对具体形象阶段的儿童

在这一阶段，儿童开始能够运用表象进行思维，将直观操作中的数学经验转化为具体的数学形象。因此，我们可以采用图形、模型等直观教具来辅助教学，帮助儿童形成正确的数学形象和概念。同时，我们还可以通过情境模拟法等方法，将数学知识与实际生活情境相结合，让儿童在模拟的情境中学习和运用数学知识。

3. 针对抽象逻辑思维阶段的儿童

在这一阶段，儿童的数学认知开始进入更高层次的发展阶段，能够理解更复杂的数学概念，进行抽象思维和逻辑推理。因此，我们可以采用启发引导法等方法，通过提出问题、设置悬念等方式引导儿童主动思考和探究，培养他们的逻辑思维能力和问题解决能力。

（二）创设丰富多样的学习环境

学习环境对儿童数学认知的发展具有重要的影响。一个丰富多样的学习环境可以激发儿童的学习兴趣和动力，促进他们的数学认知发展。

1. 提供丰富的数学材料和工具

为儿童提供充足的数学材料和工具，如积木、拼图、计算器、数学游戏等，让他们可以在动手操作中感知数学、体验数学。这些材料和工具不仅可以帮助儿童巩固和扩展数学知识，还可以培养他们的数学兴趣和探究欲望。

2. 创设真实的数学情境

将数学知识与实际生活情境相结合，为儿童创设真实的数学情境。例如，在教授时间单位时，可以让儿童自己制定时间表、安排日程等。这些真实的数学情境可以让儿童更好地理解数学知识的实际意义和应用价值。

3. 鼓励儿童参与数学活动

组织各种数学活动，如数学竞赛、数学游戏、数学探究活动等，鼓励儿童积极参与其中。这些活动不仅可以激发儿童的学习兴趣和动力，还可以培养他们的数学思维和创新能力。同时，通过参与活动，儿童还可以与同伴进行交流和合作，共同学习和进步。

（三）培养儿童的数学思维能力

数学思维能力是儿童数学认知发展的重要组成部分。为了培养儿童的数学思维能力，我们需要从多个角度出发，制定并实施有针对性的教学策略。

1. 注重启发式教学

在数学教学中，注重启发式教学，通过提出问题、设置悬念等方式引导儿童主动思考和探究。同时，鼓励儿童大胆表达自己的观点和想法，培养他们的独立思考能力和自信心。

2. 开展数学探究活动

组织各种数学探究活动，如数学实验、数学调查等，让儿童在探究过程中发现问题、解决问题。这些探究活动不仅可以培养儿童的数学思维能力，还可以培养他们的实践能力和创新精神。

3. 引导儿童进行数学交流

鼓励儿童与同伴进行数学交流，分享自己的学习经验和成果。通过交流，儿童可以相互学习和借鉴，共同提高数学思维能力。同时，教师还可以利用课堂时间组织数学讨论活动，让儿童在交流中发现问题、解决问题。

（四）注重个体差异与因材施教

每个儿童都是一个独特的个体，他们的数学认知发展速度和方式可能存在差异。因此，在教育过程中，我们需要注重个体差异与因材施教。

1. 了解儿童的个体差异

通过观察、测试等方式了解儿童的个体差异，包括他们的认知发展水平、学习风格、兴趣爱好等。这些信息可以为我们制定个性化的教学策略提供依据。

2. 制订个性化的教学计划

根据儿童的个体差异制订个性化的教学计划，确保教学内容和方法符合他们的认知发展水平和兴趣爱好。同时，我们还可以为儿童提供个性化的学习资源和学习支持，帮助他们更好地学习数学。

3. 关注儿童的情感体验

在教育过程中关注儿童的情感体验，了解他们的学习需求和困难。通过积极的反馈和鼓励增强儿童的学习信心和动力；通过耐心引导和帮助解决儿童的学习问题；通过组织丰富多彩的数学活动激发儿童的学习兴趣和热情。

总之，促进儿童数学认知发展的教育策略需要从多个角度出发，包括基于认知发展阶段的个性化教学策略、创设丰富多样的学习环境、培养儿童的数学思维能力以及注重个体差异与因材施教等方面。这些策略的实施可以有效地促进儿童的数学认知发展，提高他们的数学素养和综合能力。

四、小学数学教学中的认知障碍与应对方法

在小学数学教学过程中，儿童在认知方面可能会遇到各种障碍，这些障碍不仅影响他们的学习效果，还可能对其未来的数学学习产生深远影响。因此，识别这些认知障碍并采取有效的应对方法，对于提高小学数学教学质量至关重要。

（一）小学数学教学中的常见认知障碍

在小学数学教学中，儿童可能会遇到多种认知障碍，这些障碍通常表现为以下几个方面。

1. 概念理解障碍

儿童在理解数学概念时存在困难，无法准确把握数学概念的内涵和外延。这可能是由于儿童的认知发展水平尚未达到理解这些概念的程度，或者是因为教学方法不当，导致儿童对概念的理解产生偏差。

2. 问题解决能力障碍

儿童在解决数学问题时缺乏有效的方法和策略，无法灵活运用所学的数学知识。这可能是由于儿童缺乏数学思维能力，或者是因为缺乏足够的数学实践经验，导致他们无法将所学知识应用于实际问题中。

3. 注意力分散障碍

儿童在学习过程中容易分心，无法集中注意力完成数学任务。这可能是由于儿童的注意力控制能力较弱，或者是因为学习环境中的干扰因素过多导致他们无法专注于数学学习。

4. 学习动机不足障碍：儿童对数学学习缺乏兴趣和动力，无法积极参与数学学习活动。这可能是由于儿童对数学的认知存在偏见或误解，或者是因为教学方法单一、枯燥，导致他们无法感受到数学学习的乐趣。

（二）应对小学数学教学中认知障碍的方法

针对小学数学教学中的认知障碍，我们可以采取以下方法来应对。

（一）提高数学概念教学的有效性

1. 采用直观演示法

利用实物、模型等直观教具进行数学概念的教学，帮助儿童通过感知和操作来理解数学概念。例如，在教授“分数”概念时，可以使用苹果、饼干等实物进行演示，让儿童通过实际操作来理解分数的含义。

2. 注重概念之间的联系和区别

在教学过程中，注重不同数学概念之间的联系和区别，帮助儿童建立完整的知识体系。例如，在教授“加法和减法”时，可以引导儿童理解它们之间的内在联系和区别，从而更好地掌握这两个概念。

（三）培养儿童的问题解决能力

1. 采用问题导向的教学方法

以问题为导向，引导儿童主动思考和探究数学问题。在教学过程中，教师可以设计一些具有挑战性的问题情境，让儿童在解决问题的过程中掌握数学知识和学习方法。

2. 注重数学实践活动的组织

组织各种数学实践活动，如数学游戏、数学竞赛等，让儿童在实践中运用所学的数学知识解决问题。这些活动不仅可以培养儿童的问题解决能力，还可以激发他们的学习兴趣和动力。

（四）提高儿童的注意力控制能力

1. 创造安静的学习环境

为儿童创造一个安静、整洁、有序的学习环境，减少外界干扰因素对儿童注意力的影响。同时，教师可以采用一些有效的课堂管理策略，如规定课堂纪律、使用课堂口令等，来维持良好的课堂秩序。

2. 采用多样化的教学方法

采用多样化的教学方法和手段，如游戏化教学、多媒体教学等，来激发儿童的学习兴趣和动力。这些方法可以使数学学习变得更加生动有趣，从而吸引儿童的注意力并提高他们的学习效果。

（五）激发儿童的学习动机

1. 建立积极的评价机制

建立积极的评价机制，对儿童的数学学习成果给予及时的肯定和奖励。这可以激发儿童的学习兴趣和动力，让他们更加积极地参与数学学习活动。

2. 关注儿童的个体差异

关注儿童的个体差异和需求，为他们提供个性化的学习支持和帮助。这可以让儿童感受到教师的关注和关心，从而激发他们的学习积极性和自信心。

总之，针对小学数学教学中的认知障碍，我们需要从多个角度出发，采取有效的应对方法。通过提高数学概念教学的有效性、培养儿童的问题解决能力、提高儿童的注意力控制能力以及激发儿童的学习动机等方面入手，我们可以帮助儿童克服认知障碍并取得更好的学习效果。

第四节 情境教学与小学数学的结合

在小学数学教学中，情境教学的应用已经成为一种重要的教学方法。通过将数学知识与实际情境相结合，情境教学能够有效地激发学生的学习兴趣，提高他们的学习积极性和参与度。以下将详细探讨情境教学法的基本原理以及其在小学数学教学中的应用。

一、情境教学法的基本原理

情境教学法作为一种独特且富有成效的教学策略，其背后蕴含着深厚的教育学和心理学原理。这一教学方法不仅关注知识的传递，更强调学生在学习过程中的情感体验和认知发展。下面，我们将从情境教学法的理论基础、实施原则以及对学生认知和情感的影响等方面，深入探讨其基本原理。

（一）理论基础

情境教学法的理论基础主要源自认知心理学、建构主义学习理论以及情感教育理论。

1. 认知心理学视角

认知心理学认为，学习是一个复杂的认知过程，涉及信息的接收、编码、存储和提取。情境教学法通过创设与学习内容紧密相关的具体情境，使学生能够在真实或模拟的情境中感知和体验知识，从而加深对知识的理解和记忆。这种学习方式符合认知心理学中信息加工和存储的原理，有助于提高学生的学习效果。

2. 建构主义学习理论

建构主义学习理论认为，学习是学生主动建构知识的过程，而非被动接受知识的过程。情境教学法强调学生的主动参与和探究，鼓励学生在情境中自主发现问题、解决问题，从而建构自己的知识体系。这种教学方式符合建构主义学习理论的核心观点，有助于培养学生的自主学习能力和创新思维。

3. 情感教育理论

情感教育理论认为，情感在学习过程中起着至关重要的作用。情境教学法通过创设具有情感色彩的情境，激发学生的学习兴趣和热情，使他们在学习过程中产生积极的情感体验。这种教学方式有助于培养学生的情感态度和价值观，促进他们的全面发展。

（二）实施原则

情境教学法的实施应遵循以下原则。

1. 真实性原则

情境教学法的核心在于创设真实或模拟的情境，使学生能够在情境中感知和体验知识。因此，在实施情境教学法时，应确保情境的真实性，使学生能够在真实或模拟的情境中进行学习和探究。

2. 主体性原则

情境教学法强调学生的主体地位，鼓励学生主动参与和探究。因此，在实施情境教学法时，应充分尊重学生的主体性和创造性，鼓励他们自主发现问题、解决问题，从而培养他们的自主学习能力和创新思维。

3. 启发性原则

情境教学法通过创设具有启发性的情境，激发学生的学习兴趣和热情。因此，在实施情境教学法时，应注重情境的启发性，使学生能够在情境中受到启发和激励，从而产生强烈的学习愿望和动力。

4. 情感性原则

情境教学法关注学生在学习过程中的情感体验，强调情感在学习过程中的作用。因此，在实施情境教学法时，应注重情境的情感性，使学生在学习过程中产生积极的情感体验，从而培养他们的情感态度和价值观。

（三）对学生认知和情感的影响

情境教学法对学生认知和情感的影响主要表现在以下几个方面。

1. 提高学习效果

情境教学法通过创设真实或模拟的情境，使学生在情境中感知和体验知识，从而加深对知识的理解和记忆。这种学习方式有助于提高学生的学习效果和成绩。

2. 培养自主学习能力

情境教学法强调学生的主动参与和探究，鼓励他们在情境中自主发现问题、解决问题。这种教学方式有助于培养学生的自主学习能力和创新思维。

3. 激发学习兴趣和热情

情境教学法通过创设具有情感色彩的情境，激发学生的学习兴趣和热情。这种教学方式有助于使学生在学习过程中产生积极的情感体验，从而培养他们的学习态度和价值观。

4. 促进全面发展

情境教学法不仅关注学生的知识学习，更强调学生的情感发展和价值观培养。通过创设具有启发性和情感性的情境，情境教学法有助于促进学生的全面发展。

二、小学数学情境创设的策略与技巧

在小学数学教学中，情境创设是一项关键的教学策略，它能够有效地激发学生的学习动机，提高学生的学习效果。然而，情境创设并非随意为之，而是需要教师在深入理解教学内容和学生特点的基础上，运用一定的策略与技巧来精心设计和实施。

（一）情境创设的策略

1. 基于学生生活经验的情境创设

在小学数学教学中，情境创设应与学生的生活经验紧密相连。这是因为数学知识源于生活，又服务于生活。基于学生生活经验的情境创设，可以使学生感受到数学与生活的紧密联系，从而激发他们的学习兴趣和积极性。例如，在教授“认识人民币”这一内容时，教师可以创设一个模拟购物的情境，让学生在购物的过程中认识和使用人民币，从而加深对人民币的理解和掌握。

2. 注重情境的真实性和趣味性

情境创设的真实性和趣味性对于学生的学习效果具有重要影响。真实的情境能够使学生更好地融入其中，产生真实的情感体验，而趣味性的情境则能够吸引学生的注意力，激发他们的学习兴趣。因此，在创设小学数学情境时，教师应注重情境的真实性和趣味性，尽可能让情境贴近学生的生活实际，同时融入一些有趣的元素和活动，以提高学生的参与度和学习效果。

3. 情境与教学内容的紧密结合

情境创设的目的是为了更好地服务于教学内容和教学目标。因此，在创设小学数学情境时，教师应注重情境与教学内容的紧密结合，确保情境能够准确地反映教学内容和教学目标。同时，教师还应根据教学内容的特点和难点，有针对性地设计情境，以帮助学生更好地理解和掌握数学知识。

（二）情境创设的技巧

1. 利用直观教具和多媒体手段

在小学数学教学中，教师可以利用直观教具和多媒体手段来创设情境。直观教具如实物、模型、图片等可以使学生更加直观地感知和理解数学知识，而多媒体手段如动画、视频等则可以为学生呈现更加生动、形象的情境。通过利用这些手段，教师可以创设出更加真实、有趣的数学情境，从而激发学生的学习兴趣和积极性。

2. 运用故事和游戏的元素

故事和游戏是小学生非常喜欢的活动形式，也是创设小学数学情境的重要元素。通过运用故事和游戏的元素，教师可以使数学情境更加生动有趣，从而吸引学生的注意力并激发他们的学习兴趣。例如，在教授“加减法”时，教师可以设计一个“数学王国探险”的游戏情境，让学生在游戏中进行加减法的运算练习，从而提高他们的计算能力和解决问题的能力。

3. 注重情境的启发性和引导性

情境创设不仅要注重其真实性和趣味性，还要注重其启发性和引导性。一个好的数学情境应该能够启发学生的思考并引导他们进行探究和学习。因此，在创设小学数学情境时，教师应注重情境问题的设计，使问题具有启发性和引导性，能够激发学生的好奇心和求知欲。同时，教师还应根据学生的学习情况及时给予指导和帮助，引导他们进行深入的思考和探究。

4. 注重情境的层次性和递进性

在小学数学教学中，情境创设还应注重其层次性和递进性。这意味着情境的设计应该由浅入深、由易到难地逐步推进，使学生能够逐步深入地理解和掌握数学知识。例如，在教授“分数的认识”时，教师可以先创设一个简单的情境让学生初步认识分数然后逐渐增加情境的复杂度和难度，让学生逐步掌握分数的概念和运算方法。这种层次性和递进性的情境创设可以帮助学生更好地理解和掌握数学知识提高他们的学习效果。

综上所述，情境创设在小学数学教学中具有重要的意义。通过运用上述策略与技巧教师可以精心设计和实施有效的数学情境，从而激发学生的学习兴趣和积极性，提高他们的学习效果。同时教师还应不断探索和创新情境创设的方法和手段以适应不同学生的学习需求和教学需求。

三、情境教学对提升学生数学兴趣的作用

在小学数学教育中，情境教学以其独特的优势，成为培养学生数学兴趣的有效手段。通过构建与数学知识紧密相关的实际情境，情境教学不仅能够使抽象的数学知识具象化，还能让学生在参与和体验中感受到数学的魅力和价值，进而激发他们的学习兴趣和动力。

（一）情境教学促进学生数学兴趣形成的机制

1. 情感共鸣：连接数学与生活

情境教学强调将数学知识融入学生的实际生活中，通过构建与学生生活经验密切相关的情境，让学生在熟悉的环境中感知数学、理解数学。这种教学方式能够引发学生的情感共鸣，让他们意识到数学并非遥不可及的抽象概念，而是与日常生活息息相关的实用工具。当学生发现数学能够解决生活中的实际问题时，他们的数学兴趣便得到了初步的培养。

2. 主动探究：激发学生的求知欲

情境教学中的情境设计通常具有一定的挑战性和探索性，能够激发学生的好奇心和求知欲。在解决问题的过程中，学生需要主动思考、积极探索，这种探究性的学习方式能够培养学生的自主学习能力和解决问题的能力。同时，通过不断的探索和尝试，学生也能够逐渐发现数学的规律和美，从而进一步加深对数学的热爱。

3. 积极反馈：增强学生的学习动力

在情境教学中，教师可以通过设置适当的奖励机制，给予学生积极的反馈和评价。当学生成功地解决了一个问题或完成了一个任务时，他们不仅能够获得成就感，还能够得到来自教师和同伴的认可和鼓励。这种积极的反馈能够增强学生的学习动力，让他们更加愿意投入时间和精力去学习和探索数学。

（二）情境教学提升学生数学兴趣的具体途径

1. 生活实例引入：拉近数学与学生的距离

教师可以通过引入生活实例来创设数学情境，让学生在实际问题中感知数学的存在和价值。例如，在教授“图形的认识”时，教师可以让学生从家中带来各种形状的物品进行分类和比较，让学生在观察和实践中认识图形的特点。

2. 游戏化教学：让学生在游戏中学习数学

游戏是小学生喜爱的活动形式之一，将游戏元素融入数学教学中可以大大提高学生的学习兴趣。教师可以设计一些与数学知识相关的游戏情境，让学生在游戏中进行数学运算、思考和推理。例如，在教授“加减法”时，教师可以设计一个“数学接力赛”的游戏，让学生在接力跑的过程中完成加减法的运算任务；在教授“分数”时，教师可以设计一个“分数大战”的游戏，让学生在竞争中理解和掌握分数的概念和运算方法。

3. 实践活动体验：增强学生的数学实践能力

实践活动是情境教学的重要组成部分之一，通过实践活动可以让学生在亲身体验中感受数学的应用和价值。教师可以设计一些与数学知识相关的实践活动情境，让学生在实践中进行数学运算、测量和建模等活动。例如，在教授“长度与面积”时，教师可以让学生测量教室或操场的长度和面积并进行计算；在教授“体积”时，教师可以让学生制作一个长方体或正方体的模型并计算其体积。这些实践活动不仅能够增强学生的数学实践能力，还能够让他们在操作中加深对数学知识的理解和掌握。

4. 跨学科整合：拓宽学生的数学视野

情境教学还可以与其他学科进行跨学科整合，通过整合不同学科的知识和资源来创设更加丰富的数学情境。例如，在教授“图形的变换”时，教师可以结合美术课程中的图案设计元素来创设一个关于图形变换的创意设计情境；在教授“比例与尺度”时，教师可以结合科学课程中的建筑模型制作来创设一个关于比例与尺度的实际应用情境。这种跨学科整合的教学方式能够拓宽学生的数学视野，让他们更加全面地理解和应用数学知识。

综上所述，情境教学对提升学生数学兴趣具有显著的作用。通过构建与学生生活密切相关的数学情境、设计游戏化和实践性的教学活动以及与其他学科进行跨学科整合等方式，情境教学能够引发学生的情感共鸣、激发学生的求知欲和增强学生的学习动力，进而培养他们的数学兴趣。在未来的小学数学教学中，教师应积极运用情境教学这一有效手段来促进学生的全面发展。

第二章　数学思维的培养

数学思维的培养是数学教育的重要目标之一，它涉及学生对数学概念的理解、数学方法的掌握以及数学问题的解决能力等多个方面。在数学思维的培养过程中，逻辑思维能力的培养尤为关键，它不仅是学生数学能力发展的基础，也是学生综合素质提升的重要体现。

第一节　培养学生的逻辑思维能力

逻辑思维能力是指个体在思维活动中运用概念、判断、推理等逻辑形式，对事物进行分析、综合、比较、概括等思维过程的能力。在小学数学教学中，培养学生的逻辑思维能力具有重要意义。

一、逻辑思维在小学数学教学中的重要性

（一）逻辑思维能力是数学学习的基石

数学是一门逻辑性极强的学科，其知识体系建立在严密的逻辑基础之上。在数学学习中，学生需要运用逻辑思维能力去理解数学概念、推导数学定理、解决数学问题。因此，培养学生的逻辑思维能力是数学学习的基础和关键。只有具备了逻辑思维能力，学生才能更好地理解和掌握数学知识，形成系统的数学认知结构。

（二）逻辑思维能力有助于学生形成科学思维方法

逻辑思维能力是一种科学思维方法，它要求学生以客观、理性、严谨的态度去分析问题、解决问题。在小学数学教学中，培养学生的逻辑思维

能力有助于他们形成科学思维方法，提高分析问题和解决问题的能力。这种科学思维方法不仅在数学学习中具有重要作用，而且在学生的日常生活和未来工作中也具有广泛的应用价值。

（三）逻辑思维能力是数学创新能力的重要基础

数学创新需要深厚的数学功底和敏锐的数学直觉，而逻辑思维能力则是数学创新的重要基础。在数学学习中，学生需要运用逻辑思维能力去发现和提出数学问题，探索数学规律，创造数学方法。因此，培养学生的逻辑思维能力有助于激发他们的数学创新意识，提高他们的数学创新能力。这种创新能力对于学生未来的学习和职业发展具有重要意义。

（四）逻辑思维能力的培养与学生综合素质的提升

逻辑思维能力的培养不仅有助于学生在数学学科上取得更好的成绩，还有助于他们综合素质的提升。逻辑思维能力是一种普适性的思维能力，它可以应用于各个学科领域和日常生活之中。通过培养学生的逻辑思维能力，可以使他们更好地理解和应用其他学科知识，提高综合素质。此外，逻辑思维能力还有助于培养学生的批判性思维、创造性思维和问题解决能力等，这些能力对于学生未来的学习和生活都具有重要意义。

（五）逻辑思维能力的培养与数学教学的改革

随着教育改革的不断深入，数学教学也面临着新的挑战和机遇。传统的数学教学方法往往注重知识的传授和应试能力的培养，而忽视了学生思维能力和创新能力的培养。而逻辑思维能力作为数学思维能力的重要组成部分，其培养应该成为数学教学改革的重要方向之一。通过改革教学方法和手段，加强对学生逻辑思维能力的培养，可以使数学教学更加符合学生的认知规律和发展需求，提高数学教学的质量和效果。

综上所述，逻辑思维在小学数学教学中具有重要地位和作用。为了培养学生的逻辑思维能力，教师应该注重教学内容的选择和教学方法的改进，加强对学生思维过程的引导和训练，使学生能够在数学学习中不断提高自己的逻辑思维能力。同时，学生也应该积极参与到数学学习中来，发挥自己的主观能动性和创造性，努力提高自己的逻辑思维能力和数学素养。

二、逻辑思维能力培养的教学方法

在数学教育中，逻辑思维能力的培养是一项复杂而重要的任务。为了有效地提升学生的逻辑思维能力，教师需要采用一系列科学、系统的教学方法。这些方法旨在帮助学生建立清晰的逻辑结构，掌握有效的思维策略，并能在实践中灵活运用。

（一）基于问题的引导式教学

问题引导式教学是一种以学生为中心的教学方法，它通过设计具有启发性和挑战性的问题，引导学生主动思考和探索。在这种教学模式下，教师不再是知识的单向传递者，而是学生思考过程的引导者和辅助者。

1. 问题设计

问题是引导式教学的核心。教师需要根据教学目标和学生实际，设计具有层次性、启发性和探究性的问题。这些问题应该能够激发学生的学习兴趣，引导他们逐步深入思考和探索。

2. 过程引导

在问题引导下，学生需要进行独立思考和合作学习。教师需要密切关注学生的思考过程，及时给予指导和帮助。同时，教师还需要鼓励学生勇于提出自己的见解和疑问，促进思维的碰撞和交流。

3. 效果评估

在引导式教学中，教师需要对学生的学习效果进行评估。这包括对学生思维过程的分析、对学生答案的评价以及对学生反馈的收集等。通过评估，教师可以了解学生的学习情况，调整教学策略，进一步提高教学效果。

（二）案例分析与讨论

案例分析与讨论是一种通过具体案例来培养学生逻辑思维能力的教学方法。它通过分析实际案例，让学生运用所学的数学知识和方法进行思考和解决问题。

1. 案例选择

案例的选择是案例分析教学的关键。教师需要选择具有代表性、典型性和启发性的案例，这些案例应该能够涵盖教学目标所涉及的知识点，并具有一定的实践性和应用性。

2. 分析过程

在案例分析过程中，教师需要引导学生对案例进行深入分析和讨论。学生需要运用所学的数学知识和方法，对案例中的问题进行思考和解决。同时，学生还需要与其他同学进行交流和讨论，分享自己的见解和思路。

3. 总结反思

在案例分析结束后，教师需要引导学生进行总结和反思。学生需要对自己的思考过程进行回顾和评估，找出自己的优点和不足，并提出改进意见。通过总结和反思，学生可以加深对知识点的理解和掌握，提高自己的逻辑思维能力。

（三）逻辑推理训练

逻辑推理训练是专门针对逻辑思维能力进行培养的教学方法。它通过设计一系列的逻辑推理题目，让学生运用逻辑推理规则进行思考和解答。

1. 题目设计

逻辑推理题目的设计需要具有一定的难度和梯度，以满足不同学生的需求。这些题目应该能够涵盖逻辑推理的各个方面，如归纳推理、演绎推理、类比推理等。同时，题目还需要具有一定的启发性和趣味性，以激发学生的学习兴趣和积极性。

2. 训练过程

在逻辑推理训练过程中，教师需要引导学生掌握逻辑推理的基本规则和方法。学生需要通过大量的练习和实践，逐步提高自己的逻辑推理能力。同时，教师还需要根据学生的实际情况，给予个性化的指导和帮助。

3. 效果评估

在逻辑推理训练结束后，教师需要对学生的训练效果进行评估。这包括对学生答案的正确性、完整性以及推理过程的合理性进行评估。通过评估，教师可以了解学生在逻辑推理方面的掌握情况，为后续的教学提供有针对性的指导。

（四）数学游戏与竞赛

数学游戏与竞赛是激发学生兴趣、培养学生逻辑思维能力的重要途径。这些游戏和竞赛通常具有一定的挑战性和趣味性，能够让学生在轻松愉快的氛围中学习和成长。

1. 游戏设计

数学游戏的设计需要紧密结合数学知识和逻辑思维能力的培养目标。这些游戏应该能够让学生在游戏过程中，不自觉地运用所学的数学知识和方法进行思考和解决问题。同时，游戏还需要具有一定的趣味性和互动性，以激发学生的学习兴趣和参与度。

2. 竞赛组织

数学竞赛的组织需要具有一定的规范性和公正性。教师需要制定明确的竞赛规则和评分标准，并确保比赛的公正和公平。同时，教师还需要对参赛学生进行适当的指导和培训，提高他们的竞赛水平和能力。

3. 效果反馈

在数学游戏和竞赛结束后，教师需要对学生的参与情况和表现进行反馈。这包括对学生成绩的评价、对学生在游戏中的表现和思考的点评，以及对学生在竞赛中的表现提出建议等。通过反馈，学生可以了解自己的优点和不足，明确自己的发展方向和目标。

综上所述，逻辑思维能力培养的教学方法多种多样，教师可以根据学生的实际情况和教学目标选择合适的教学方法。无论采用哪种教学方法，教师都需要注重学生的主体地位，激发学生的学习兴趣和积极性，同时还需要注重培养学生的独立思考和创新能力，为学生的全面发展奠定坚实的基础。

三、逻辑思维训练活动的设计

在数学教育中，逻辑思维训练活动的设计是提升学生逻辑思维能力的重要环节。这些活动旨在通过系统的训练，帮助学生构建逻辑思维框架，提升他们的问题分析、推理判断和问题解决能力。以下将从活动设计的原则、内容以及实施方式等方面进行详细阐述。

（一）活动设计的原则

在设计逻辑思维训练活动时，需要遵循以下几个原则，以确保活动的有效性和针对性。

1. 目标性原则

活动设计应紧密围绕培养学生的逻辑思维能力这一目标展开，确保活动的每一个环节都服务于这一目标。同时，活动目标应具体、明确，便于学生理解和把握。

2. 层次性原则

由于学生的逻辑思维能力存在差异，因此活动设计应具有层次性，以满足不同学生的需求。活动应从简单到复杂、从易到难逐步递进，使学生能够循序渐进地提升逻辑思维能力。

3. 实践性原则

逻辑思维训练活动应强调学生的实践操作，让学生在实践中体验和感悟逻辑思维的魅力。通过实践活动，学生可以更好地掌握逻辑思维的方法和技巧，提升解决实际问题的能力。

4. 创新性原则

创新是逻辑思维训练活动的灵魂。在设计活动时，教师应注重创新，打破传统框架的束缚，尝试新的教学方法和手段，以激发学生的学习兴趣和积极性。

（二）活动内容的设计

逻辑思维训练活动的内容应涵盖逻辑思维的各个方面，包括概念理解、判断推理、归纳分类、演绎推理等。以下是一些具体的内容设计建议。

1. 概念理解训练

通过给出一些数学概念和定义，让学生理解并掌握这些概念的基本含义和特征。同时，可以通过一些实例和练习，让学生加深对概念的理解和应用。

2. 判断推理训练

设计一些判断题和推理题，让学生根据题目中的条件和要求，运用逻辑思维进行推理和判断。这些题目可以涉及数学定理、公式、法则等方面的知识，也可以涉及实际问题的解决。

3. 归纳分类训练

通过给出一些具体的数学对象或问题，让学生根据它们的共同特征和属性进行归纳和分类。这种训练可以帮助学生建立清晰的分类体系，提高他们的问题分析能力。

4. 演绎推理训练

设计一些演绎推理题目，让学生根据已知条件和规则进行推理和演绎。这种训练可以帮助学生掌握演绎推理的方法和技巧，提高他们的逻辑推理能力。

（三）活动实施的方式

逻辑思维训练活动的实施方式多种多样，可以根据具体情况选择合适的方式。以下是一些常见的实施方式。

1. 独立探究

让学生独立完成一些逻辑思维训练题目，通过自主探究和思考来提升逻辑思维能力。教师可以提供必要的指导和帮助，但不应过多干预学生的思考过程。

2. 小组合作

将学生分成若干小组，让他们共同完成一些逻辑思维训练任务。在小组合作中，学生可以相互交流和讨论，分享彼此的思考和见解，共同提高逻辑思维能力。

3. 竞赛激励

组织一些逻辑思维竞赛活动，让学生在竞争中展示自己的逻辑思维能力和水平。通过竞赛的激励作用，激发学生的学习热情和积极性，提高他们的逻辑思维能力和竞赛水平。

4. 实践应用

将逻辑思维训练活动与实际生活或数学问题相结合，让学生在实践中运用逻辑思维来解决问题。这种实践应用可以帮助学生更好地理解逻辑思维的实际意义和价值，提高他们的实际应用能力。

（四）活动效果的评估

在逻辑思维训练活动结束后，需要对活动效果进行评估。评估可以从以下几个方面进行。

一是知识掌握情况：通过测试或作业等方式，了解学生对逻辑思维相关知识的掌握情况，包括概念理解、判断推理、归纳分类等方面的能力。

二是技能提升情况：观察学生在活动中的表现，了解他们是否掌握了逻辑思维的方法和技巧，是否能够灵活运用这些方法和技巧来解决问题。

三是情感态度变化：通过问卷调查或访谈等方式，了解学生对逻辑思维训练活动的态度和看法，包括他们的兴趣、参与度以及自我评价等方面的信息。

综上所述，逻辑思维训练活动的设计是提升学生逻辑思维能力的重要环节。在设计活动时，需要遵循目标性、层次性、实践性和创新性等原则，选择合适的内容和实施方式，以确保活动的有效性和针对性。同时，还需要对活动效果进行评估，以便更好地了解学生的学习情况和需求，为后续的教学提供有针对性的指导。

四、逻辑思维能力评价与反馈机制

在逻辑思维能力培养的过程中，评价与反馈机制是不可或缺的一环。它不仅能够客观评估学生的逻辑思维能力水平，还能为教师提供有价值的教学参考，进而优化教学方法和内容。本文将从评价标准的制定、评价方法的选择、反馈机制的构建以及评价与反馈的循环迭代等方面，详细探讨逻辑思维能力评价与反馈机制的设计与实施。

（一）评价标准的制定

制定科学的评价标准是逻辑思维能力评价的前提和基础。评价标准应该基于逻辑思维的本质特征和学生的认知发展规律，同时结合数学学科的特点和教学要求，制定出具有针对性、可操作性和可测量性的评价标准。

首先，评价标准应该关注学生对逻辑思维的基本概念、原理和方法的理解和掌握程度。这包括学生对概念的理解、对原理的把握以及对方法的运用等方面。这些方面的评价可以通过选择题、填空题、简答题等题型进行测试。

其次，评价标准应该关注学生在解决实际问题时表现出的逻辑思维能力。这包括学生能否准确分析问题、提出假设、设计实验、收集数据、推理判断以及得出结论等方面。这些方面的评价可以通过案例分析、问题解决、项目研究等方式进行。

最后，评价标准还应该考虑学生的个体差异和发展潜力。不同学生的逻辑思维能力和发展速度存在差异，因此评价标准应该具有弹性和灵活性，能够根据学生的实际情况进行调整和优化。

（二）评价方法的选择

选择合适的评价方法是逻辑思维能力评价的关键。评价方法应该具有客观性、公正性和有效性，能够真实反映学生的逻辑思维能力水平。

首先，可以采用传统的纸笔测试方法。这种方法简单易行，便于大规模实施。通过设计具有针对性的测试题目，可以对学生的逻辑思维能力进行客观评估。然而，纸笔测试方法也存在一定的局限性，如难以全面反映学生的实践能力和创新能力。

其次，可以采用观察法进行评价。通过观察学生在课堂讨论、小组合作、实验操作等活动中的表现，可以了解他们的逻辑思维能力水平以及存在的问题。这种方法具有直观性和真实性，但需要耗费较多的时间和精力。

此外，还可以采用自我评价和同伴评价等方法。自我评价可以帮助学生了解自己的优点和不足，激发他们的学习动力；同伴评价则可以促进学生之间的交流和合作，提高他们的协作能力。

（三）反馈机制的构建

反馈机制是逻辑思维能力评价与反馈机制的重要组成部分。通过及时、准确、具体的反馈，学生可以了解自己的学习情况和存在的问题，进而调整学习策略和方法；教师也可以了解教学效果和学生的学习需求，进而优化教学方法和内容。

首先，反馈应该具有及时性。教师应该在学生完成学习任务后及时给予反馈，以便学生及时了解自己的学习情况并进行调整。

其次，反馈应该具有准确性。教师应该根据学生的实际情况和评价标准进行客观评价，避免主观臆断和偏见。同时，反馈应该具体明确，能够指出学生存在的问题和需要改进的地方。

最后，反馈应该具有针对性。教师应该根据学生的个体差异和发展潜力进行个性化反馈，提供有针对性的建议和指导。这样可以帮助学生更好地认识自己，明确自己的发展方向和目标。

（四）评价与反馈的循环迭代

评价与反馈是一个循环迭代的过程。在这个过程中，教师需要不断收集学生的反馈意见和学习数据，对评价标准和方法进行反思和优化；学生也需要根据反馈结果不断调整自己的学习策略和方法。通过这个过程，可以不断提高逻辑思维能力评价与反馈机制的有效性和针对性。

同时，评价与反馈的循环迭代还需要考虑外部环境的变化。随着数学学科的发展和教学方法的更新，逻辑思维能力评价与反馈机制也需要不断适应新的教学需求和技术环境。因此，教师需要保持开放的心态和敏锐的洞察力，不断学习和探索新的评价方法和反馈技术。

综上所述，逻辑思维能力评价与反馈机制是数学教育中不可或缺的一环。通过制定科学的评价标准、选择合适的评价方法、构建有效的反馈机制以及实现评价与反馈的循环迭代，可以客观评估学生的逻辑思维能力水平，为教师提供有价值的教学参考，进而优化教学方法和内容。同时，也可以帮助学生了解自己的学习情况和发展潜力，激发他们的学习兴趣和动力。

第二节　创设数学问题激发思辨力

在数学教育中，通过创设数学问题来激发学生的思辨力是一项重要的教学策略。数学问题不仅是对学生数学知识掌握程度的检验，更是培养他们逻辑思维、批判性思维和创造性思维的重要途径。因此，对数学问题的分类与设计原则进行深入探讨，对于提高数学教学的质量和效果具有重要意义。

一、数学问题的分类与设计原则

（一）数学问题的分类

数学问题的种类繁多，根据其性质和目的的不同，可以将其分为以下几类。

1. 基础性问题

基础性问题主要考察学生对数学概念、定理、公式等基本知识的掌握情况。这类问题通常具有明确的答案和解题步骤，是数学教学的基础。通过解决基础性问题，学生可以巩固和加深对数学基础知识的理解，为后续学习打下坚实的基础。

2. 拓展性问题

拓展性问题在基础性问题的基础上，进一步增加了问题的难度和复杂度。这类问题要求学生不仅要掌握基本的数学知识，还需要具备一定的分析问题和解决问题的能力。拓展性问题可以激发学生的探究欲望，培养他们思维的灵活性和创新性。

3. 应用性问题

应用性问题强调数学知识在实际生活中的应用。这类问题通常与学生的日常生活紧密相关，要求学生运用所学的数学知识解决实际问题。通过解决应用性问题，学生可以更好地理解数学的价值和意义，提高他们实践能力和综合素质。

4. 开放性问题

开放性问题是一种没有固定答案或解题步骤的问题。这类问题要求学生根据问题的条件和要求，自主思考、探索和创新，提出自己的解决方案或见解。开放性问题可以培养学生的批判性思维和创新性思维，提高他们的独立思考和解决问题的能力。

（二）数学问题的设计原则

在创设数学问题时，需要遵循以下设计原则，以确保问题的质量和效果。

1. 目的性原则

数学问题的设计应明确教学目的，即问题要服务于特定的教学目标。问题的设计应紧扣教学内容和学生的学习需求，使学生能够通过解决问题达到教学目标的要求。

2. 层次性原则

数学问题的设计应具有层次性，以满足不同学生的需求。问题的难度应逐渐递增，从简单到复杂、从易到难，使学生能够循序渐进地提高数学能力。同时，问题的设计应考虑到学生的个体差异，使每个学生都能在解决问题的过程中获得成长和进步。

3. 启发性原则

数学问题的设计应具有启发性，能够引导学生主动思考和探究。问题应具有一定的挑战性和探索性，能够激发学生的求知欲和好奇心，促使他们积极思考和探索解决问题的方法。同时，问题的设计应具有开放性，允许学生提出自己的见解和解决方案，培养他们的创新思维和批判性思维。

4. 实践性原则

数学问题的设计应具有实践性，强调数学知识在实际生活中的应用。问题应与学生的日常生活紧密相关，使学生能够运用所学的数学知识解决实际问题。通过实践性问题，学生可以更好地理解数学的价值和意义，提高他们的实践能力和综合素质。

5. 创新性原则

数学问题的设计应具有创新性，能够培养学生的创新精神和创新能力。问题应具有一定的新颖性和独特性，能够激发学生的创造潜能和想象力，促使他们提出新的观点和解决方案。同时，问题的设计应具有开放性，允许学生自由发挥和创造，培养他们的创新精神和创新能力。

在遵循以上设计原则的基础上，教师可以根据具体的教学内容和学生的学习情况，灵活创设各种数学问题，以激发学生的思辨力。通过创设不同类型、不同难度、不同情境的数学问题，教师可以为学生提供多样化的学习体验和挑战，帮助他们构建完整的知识体系，提高他们的数学素养和综合能力。同时，教师还可以通过收集和分析学生的解题过程和结果，了解他们的学习情况和存在的问题，为后续的教学提供有针对性的指导和支持。

二、问题情境在激发思辨力中的作用

在数学教学中，问题情境的创设对于激发学生的思辨力具有举足轻重的作用。问题情境是指在教学过程中，为了引导学生深入理解和掌握知识，所设置的一种具有挑战性、启发性和实践性的学习场景。它不仅能够吸引学生的注意力，激发他们的学习兴趣和探究欲望，还能够培养学生的逻辑思维、批判性思维和创造性思维，提高他们的问题解决能力。

（一）问题情境的创设与思辨力的培养

问题情境的创设是数学教学中的一个重要环节。通过设计合理的问题情境，教师可以引导学生进入学习状态，激发他们的学习兴趣和动力。同时，问题情境还能够为学生提供一个真实、具体的学习场景，使他们能够在实践中运用所学的数学知识，深化对知识的理解和掌握。

在问题情境的创设过程中，教师需要充分考虑学生的认知特点和学习需求，以及数学学科的特点和教学要求。通过精心设计问题、设置挑战、提供线索等方式，教师可以构建一个具有层次性、启发性和实践性的问题情境，使学生能够在解决问题的过程中逐渐提高思辨力。

具体而言，问题情境的创设可以帮助学生形成正确的数学观念和方法，提高他们的数学素养和综合能力。通过问题情境的引导，学生可以更加深入地理解数学概念、定理和公式等基本知识，掌握数学的基本思想和方法。同时，问题情境还可以帮助学生形成数学思维习惯，培养他们的逻辑思维、批判性思维和创造性思维等高级思维能力。

（二）问题情境的类型及其作用机制

问题情境的类型多种多样，根据其性质和特点的不同，可以将其分为以下几种类型。

1. 生活实际问题情境

生活实际问题情境是指与学生日常生活紧密相关的问题情境。它通过将数学问题融入实际生活中，使学生能够在解决实际问题的过程中学习和掌握数学知识。这种问题情境能够激发学生的学习兴趣和动力，培养他们的实践能力和综合素质。例如，教师可以设计一些与购物、旅行、工程等实际场景相关的问题情境，让学生运用所学的数学知识解决实际问题。

2. 历史数学问题情境

历史数学问题情境是指通过回顾数学历史中的经典问题和事件，引导学生进入学习状态的问题情境。这种问题情境能够帮助学生了解数学的发展历程和数学家的思想方法，激发他们的探究欲望和创新精神。同时，历史数学问题情境还能够为学生提供一个更加广阔的数学视野，帮助他们形成更加完整的数学知识体系。例如，教师可以介绍一些数学史上的著名问题、定理和公式等，引导学生思考和探究其中的数学思想和方法。

3. 科学实验问题情境

科学实验问题情境是指通过实验操作和观察来引导学生学习和掌握数学知识的问题情境。这种问题情境能够帮助学生更加直观地理解数学概念和定理，培养他们的实验能力和科学精神。同时，科学实验问题情境还能够为学生提供一个探究性的学习环境，使他们能够在实践中发现数学规律和解决问题。例如，教师可以设计一些与几何、代数等相关的实验情境，让学生通过观察和操作来理解和掌握数学知识。

4. 开放性问题情境

开放性问题情境是指没有固定答案或解题步骤的问题情境。它要求学生根据问题的条件和要求，自主思考、探索和创新，提出自己的解决方案或见解。这种问题情境能够培养学生的批判性思维和创新性思维，提高他们独立思考和解决问题的能力。同时，开放性问题情境还能够为学生提供一个展示自己才华和个性的平台，激发他们的创造潜能和想象力。例如，教师可以设计一些具有挑战性和探索性的开放性问题情境，让学生自由发挥和创造。

三、引导学生提出数学问题的策略

在数学教育中，引导学生提出数学问题不仅是培养学生创新思维和批判性思维的重要途径，也是提升他们数学素养和问题解决能力的关键环节。为了有效地引导学生提出数学问题，教师需要采取一系列策略，以激发学生的好奇心和探究欲望，培养他们的数学思维和表达能力。

（一）激发问题意识的策略

要引导学生提出数学问题，首先要激发他们的问题意识。问题意识是指学生在学习过程中能够主动发现问题、提出问题并解决问题的意识。为了培养学生的问题意识，教师可以采取以下策略。

1. 创设问题情境

通过创设具有挑战性和启发性的问题情境，教师可以引导学生进入学习状态，激发他们的好奇心和探究欲望。问题情境可以来源于现实生活、数学历史、科学实验等多个方面，以多样化的形式呈现给学生，使他们能够在解决问题的过程中逐渐培养问题意识。

2. 鼓励质疑精神

质疑精神是问题意识的重要体现。教师应该鼓励学生勇于质疑、敢于提问，不迷信权威、不盲从他人。在教学过程中，教师可以引导学生对所学内容进行深入思考，发现其中的疑点和难点，并鼓励他们提出自己的问题和见解。

3. 提供提问机会

为了让学生有更多的机会提出数学问题，教师可以在教学过程中设置提问环节，鼓励学生积极发言、提出自己的问题。同时，教师还可以利用课堂讨论、小组合作等方式，为学生提供更多的交流和互动机会，促进他们之间的思维碰撞和灵感激发。

（二）培养问题提出能力的策略

在激发学生问题意识的基础上，教师还需要进一步培养学生的问题提出能力。问题提出能力是指学生能够从不同的角度、层面和方面出发，提出有质量、有价值的问题。为了培养学生的问题提出能力，教师可以采取以下策略。

1. 教授提问方法

教师可以通过教授提问方法，帮助学生掌握提出问题的技巧和方法。例如，教师可以引导学生从“是什么”“为什么”“怎么样”等角度出发提出问题；还可以教授学生如何运用反问、追问、类比等方法来深化问题的思考和探究。

2. 提供示范性问题

教师可以通过提供示范性问题来引导学生提出数学问题。示范性问题可以来源于课本、习题集、网络资源等多个方面，以具有代表性、典型性和启发性的问题为主。教师可以让学生观察和分析示范性问题的提出方式和角度，并鼓励他们模仿和借鉴其中的经验和技巧。

3. 鼓励创新提问

创新提问是培养学生问题提出能力的重要途径。教师应该鼓励学生从新的角度、新的思路出发提出问题，勇于挑战传统观念和思维方式。在教学过程中，教师可以设置一些具有开放性和探索性的问题情境，让学生自由发挥和创造，提出自己的问题和见解。

4. 及时反馈与指导

在学生提出数学问题的过程中，教师应该给予及时的反馈和指导。对于提出的有质量、有价值的问题，教师应该给予肯定和鼓励；对于提出的问题存在不足或错误的情况，教师应该指出其中的问题所在，并提供相应的指导和帮助。通过及时的反馈和指导，教师可以帮助学生逐渐提高问题提出能力，培养他们的数学思维和表达能力。

综上所述，引导学生提出数学问题需要教师在教学过程中采取一系列策略。通过激发问题意识、培养问题提出能力等方面的努力，教师可以帮助学生更好地理解和掌握数学知识，提高他们的数学素养和问题解决能力。同时，这也有助于培养学生的创新思维和批判性思维，为他们未来的学习和发展奠定坚实的基础。

四、培养学生解决数学问题的能力

在数学教育中，培养学生解决数学问题的能力是教学的重要目标之一。这种能力不仅指学生能够熟练掌握和运用数学知识与技能，更强调他们在面对复杂数学问题时能够独立思考、有效分析和创造性地解决。以下将从策略和方法两个层面探讨如何培养学生解决数学问题的能力。

（一）构建问题解决策略

在培养学生解决数学问题的能力时，首先需要构建一套系统的问题解决策略。这些策略能够帮助学生更好地理解问题、分析问题并找到解决问题的方法。

1. 问题识别与理解

问题解决的第一步是对问题进行准确的识别和理解。学生需要仔细阅读题目，理解问题的背景、条件和要求，明确问题的目标。教师可以通过引导学生分析问题的结构、梳理问题的信息、识别问题的关键点等方式，帮助学生更好地识别和理解问题。

2. 策略选择与运用

在理解问题的基础上，学生需要选择合适的策略来解决问题。这包括直接法、间接法、逆向思维、类比思维等多种方法。教师可以通过讲解和示范各种策略的运用，以及提供足够的练习机会，帮助学生熟练掌握各种策略，并能够根据问题的特点灵活运用。

3. 实施与监控

在选择了合适的策略后，学生需要开始实施并监控问题的解决过程。

他们需要仔细计算、推理和验证，确保每一步都正确无误。教师可以通过设置阶段性目标、提供反馈和指导等方式，帮助学生实施和监控问题的解决过程，及时发现和纠正错误。

4. 反思与总结

在问题解决后，学生需要进行反思和总结。他们需要回顾整个问题的解决过程，分析自己的解题方法和策略是否得当，总结经验教训并找出不足之处。教师可以通过引导学生进行自我评价、小组讨论和分享经验等方式，帮助学生进行反思和总结，提高他们的问题解决能力。

（二）优化问题解决方法

在构建问题解决策略的基础上，还需要进一步优化问题解决方法，以提高学生的问题解决效率和准确性。

1. 强化基础知识与技能

数学问题的解决离不开基础知识和技能的支持。因此，教师需要注重加强学生的数学基础知识和技能训练，确保他们能够熟练掌握并运用所学知识来解决问题。同时，教师还需要关注学生的个体差异和学习需求，提供个性化的辅导和支持。

2. 注重思维训练

数学问题的解决需要学生具备较高的思维能力。因此，教师需要注重学生的思维训练，通过设计具有挑战性和启发性的问题、引导学生进行探究性学习等方式来培养学生的逻辑思维、批判性思维和创造性思维等高级思维能力。同时，教师还需要关注学生的思考过程和思维方法，及时给予指导和帮助。

3. 加强实践应用

数学问题的解决不仅仅是理论知识的运用，更需要在实践中得到验证和应用。因此，教师需要加强学生的实践应用能力培养，通过组织数学竞赛、开展数学建模活动等方式来提高学生的问题解决能力和实践能力。同时，教师还需要关注学生的实践经验和成果分享，鼓励学生将所学知识应用于实际生活中去。

4. 营造良好学习环境

良好的学习环境是培养学生解决数学问题能力的重要保障。因此，教师需要营造一个积极、开放、合作的学习环境，让学生能够在轻松愉快的氛围中学习和交流。同时，教师还需要关注学生的情感需求和心理健康状况，及时给予关心和支持。

综上所述，培养学生解决数学问题的能力需要从策略和方法两个层面入手。通过构建问题解决策略和优化问题解决方法等措施的实施，可以帮助学生更好地理解和掌握数学知识与技能，提高他们的数学素养和问题解决能力。

第三节　推理与证明在数学教学中的应用

在数学教学中，推理与证明作为数学理论的核心组成部分，其重要性不言而喻。它们不仅是数学学科的基础，也是培养学生逻辑思维和严谨科学态度的关键途径。本节将深入探讨推理与证明在数学教学中的应用，首先从其基本形式与方法开始。

一、数学推理的基本形式与方法

数学推理是数学学科中不可或缺的一部分，它涉及从已知条件出发，通过逻辑演绎和归纳，得出新的结论或命题的过程。在数学教学中，教师需要让学生了解并掌握数学推理的基本形式与方法，以便他们能够灵活运用这些方法来解决问题。

（一）演绎推理

演绎推理是从一般到特殊的推理过程，它基于已知的一般性原理或定理，通过逻辑推理得出特殊情况下的结论。在数学中，演绎推理是最常用的推理方法之一。例如，在数学证明中，我们经常使用演绎推理来推导定理或公式的正确性。这种推理方法要求学生在理解基本原理的基础上，能够准确地应用这些原理进行推理和证明。

在演绎推理的教学中，教师应注重培养学生的逻辑思维能力。首先，教师可以通过实例讲解，让学生理解演绎推理的基本原理和步骤。其次，教师可以设计一些具有挑战性的数学问题，让学生在解决问题的过程中实践演绎推理。最后，教师应及时给予学生反馈和指导，帮助他们纠正错误并提高他们的推理能力。

（二）归纳推理

归纳推理是从特殊到一般的推理过程，它通过观察和分析一系列特殊事例，发现其中的共性和规律，从而得出一般性的结论。在数学中，归纳推理虽然不如演绎推理那样严谨，但它同样具有重要的应用价值。例如，在数学建模和数据分析中，我们经常使用归纳推理来发现数据之间的关系和规律。

在归纳推理的教学中，教师应注重培养学生的观察力和分析能力。首先，教师可以通过展示一些具有代表性的数学实例，让学生观察和分析这些实例的特点和规律。其次，教师可以引导学生从多个角度思考问题，发现不同实例之间的共性和联系。最后，教师应鼓励学生提出自己的猜想和假设，并通过实验或推理来验证这些猜想和假设的正确性。

（三）类比推理

类比推理是通过比较两个或多个不同领域的对象或现象之间的相似性，从而推断它们在其他方面也可能具有相似性的推理方法。在数学中，类比推理可以帮助我们发现新的数学概念和定理，或者将已知的数学知识和方法应用到其他领域中。

在类比推理的教学中，教师应注重培养学生的联想能力和创新能力。首先，教师可以通过展示一些具有类比关系的数学实例，让学生理解类比推理的基本原理和应用方法。其次，教师可以鼓励学生从多个角度思考问题，发现不同领域之间的相似性和联系。最后，教师应鼓励学生尝试将已知的数学知识和方法应用到其他领域中，以培养他们的创新能力和实践能力。

（四）数学推理与证明在数学教学中的意义

数学推理与证明在数学教学中具有重要的意义。首先，它们能够帮助学生深入理解数学知识和概念，提高他们的数学素养和认知水平。其次，它们能够培养学生的逻辑思维和严谨科学态度，使他们能够独立思考和解决问题。最后，它们能够增强学生的数学应用能力和创新能力，为他们未来的学习和工作奠定坚实的基础。

因此，在数学教学中，教师应注重推理与证明的教学，让学生了解和掌握数学推理的基本形式与方法，并通过实践和应用来提高他们的推理能力和证明能力。同时，教师还应关注学生的个体差异和学习需求，提供个性化的辅导和支持，以帮助他们更好地掌握数学知识并提高数学素养。

二、推理与证明在小学数学教学中的应用策略

在小学数学教学中，推理与证明作为数学学科的基础，同样占据着举足轻重的地位。尽管小学生的认知水平相对有限，但正是这一时期，他们对于数学推理与证明的初步理解和实践，将为未来的数学学习和思维发展奠定坚实的基础。因此，探索推理与证明在小学数学教学中的应用策略，对于提高小学生的数学素养和思维能力具有重要意义。

（一）创设情境，激发推理兴趣

在小学数学教学中，教师可以通过创设具体、生动的数学情境，引导学生进入数学的世界，激发他们的推理兴趣。例如，教师可以利用故事、游戏、生活实例等方式，将抽象的数学问题转化为具体、有趣的情境，让学生在解决问题的过程中，感受到推理与证明的乐趣和价值。

在创设情境时，教师应注重情境的真实性和启发性。真实性意味着情境应贴近学生的生活实际，让学生能够在熟悉的场景中感受到数学的应用价值；启发性则意味着情境应具有一定的挑战性，能够激发学生的思考欲望和探究精神。通过创设情境，教师可以让学生在轻松愉快的氛围中，初步接触和理解推理与证明的概念和方法。

（二）引导观察，培养推理能力

观察是数学学习中不可或缺的一部分，也是培养推理能力的重要途径。在小学数学教学中，教师可以通过引导学生观察数学现象、发现数学规律等方式，培养他们的观察力和推理能力。

在引导观察时，教师应注重方法的指导。例如，教师可以教给学生一些观察的方法，如从整体到局部、从表面到内在、从特殊到一般等，让学生能够在观察中逐渐掌握数学问题的本质和规律。同时，教师还应鼓励学生进行多角度、多层次的观察，培养他们的发散思维和创新能力。

此外，教师还可以利用一些具体的数学素材，如图形、数字、符号等，引导学生进行观察和推理。例如，教师可以让学生观察一组数列的变化规律，然后引导他们利用已知条件进行推理和证明，从而得出数列的通项公式或求和公式。通过这样的实践活动，学生可以逐步掌握推理与证明的基本方法，提高他们的数学素养和思维能力。

（三）注重实践，提升证明能力

在小学数学教学中，实践是提升学生证明能力的关键环节。通过实践操作，学生可以将所学的数学知识和方法应用于实际问题中，进一步巩固和加深对推理与证明的理解和应用。

在实践操作时，教师应注重问题的选择和设计。首先，问题应具有代表性，能够涵盖数学推理与证明的主要内容和方法；其次，问题应具有层次性，能够根据学生的认知水平和能力差异进行分层设计；最后，问题应具有启发性，能够激发学生的思考欲望和探究精神。

同时，教师还应注重实践过程的指导和监控。在实践过程中，教师应及时给予学生指导和帮助，让他们能够顺利地完成实践活动。同时，教师还应关注学生的实践成果和反思过程，帮助他们总结经验教训并提升证明能力。

此外，教师还可以利用一些数学软件和工具来辅助实践教学。例如，教师可以利用几何画板、数学软件等工具来展示数学图形的变化和性质，让学生更加直观地理解数学概念和定理。通过这些工具的应用，学生可以更加深入地理解数学推理与证明的过程和方法，提高他们的数学素养和实践能力。

（四）注重评价，促进全面发展

在小学数学教学中，评价是促进学生全面发展的重要手段。通过评价，教师可以了解学生的学习情况和问题所在，从而及时调整教学策略和方法；同时，评价还可以激发学生的学习动力和自信心，促进他们的全面发展。

在评价时，教师应注重评价的全面性和多元性。首先，评价应涵盖学生的知识、技能、情感态度和价值观等多个方面的内容；其次，评价应采用多种方式和手段进行，如课堂观察、作业分析、测验考试、学生自评和互评等；最后，评价应注重过程性和发展性，关注学生的成长和进步过程，而不仅仅是结果。

同时，教师还应注重评价的及时性和针对性。在评价过程中，教师应及时给予学生反馈和指导，帮助他们发现问题并改进学习；同时，教师还应针对学生的不同问题和需求进行个性化指导，促进他们的全面发展。

综上所述，推理与证明在小学数学教学中的应用策略包括创设情境、引导观察、注重实践和注重评价等方面。通过这些策略的实施，教师可以帮助学生更好地理解和掌握数学推理与证明的概念和方法，提高他们的数学素养和思维能力。同时，这些策略还可以促进学生的全面发展，为他们未来的学习和生活奠定坚实的基础。

三、培养学生数学推理能力的教学活动

在数学教育中，培养学生的数学推理能力是一项核心任务。这不仅有助于学生深入理解数学概念和原理，更能提升他们的问题解决能力和创新思维。为了有效地培养学生的数学推理能力，教师需要设计一系列具有针对性、系统性和趣味性的教学活动。

（一）基于问题的学习活动

在数学教学中，问题是驱动学生思考和学习的关键因素。因此，基于问题的学习活动是培养学生数学推理能力的有效途径。这类活动通常围绕一个或多个数学问题展开，引导学生通过探索、分析和解决问题来培养他们的数学推理能力。

在设计基于问题的学习活动时，教师应注重问题的选择和设计。首先，问题应具有启发性和挑战性，能够激发学生的思考欲望和探究精神；其次，问题应与学生的认知水平和生活经验相契合，使他们能够在解决问题的过程中感受到数学的魅力和应用价值；最后，问题应具有开放性和多元性，允许学生从不同角度和层面进行思考和探索。

在活动实施过程中，教师应注重学生的主体性和参与性。首先，教师应鼓励学生自主思考和探究问题，让他们成为学习的主体；其次，教师应提供必要的指导和支持，帮助学生解决在探究过程中遇到的困难和问题；最后，教师应关注学生的学习过程和思维过程，及时给予反馈和评价。

（二）探究式学习活动

探究式学习活动是一种以学生为主体、以探究为核心的教学活动。在这种活动中，学生需要通过自主探究、合作交流和反思总结等过程来解决问题和发现规律，从而培养他们的数学推理能力。

在设计探究式学习活动时，教师应注重活动的层次性和递进性。首先，教师应从简单的问题或现象入手，引导学生通过观察、分析和归纳来发现规律或提出假设；其次，教师应鼓励学生通过实验、验证和推理等过程来验证假设或解决问题；最后，教师应引导学生进行反思和总结，帮助他们巩固所学知识并提升数学推理能力。

在活动实施过程中，教师应注重学生的合作与交流。首先，教师应将学生分成若干小组，让他们共同探究问题并分享成果；其次，教师应鼓励学生进行充分交流和讨论，让他们从多个角度和层面理解问题并发现新的思路和方法；最后，教师应关注学生合作精神和团队意识的培养，让他们学会在合作中共同进步。

（三）数学游戏与竞赛活动

数学游戏与竞赛活动是一种集趣味性、挑战性和竞争性于一体的教学活动。这类活动不仅能够激发学生的学习兴趣和动力，还能通过游戏和竞赛的形式来培养学生的数学推理能力。

在设计数学游戏与竞赛活动时，教师应注重游戏的趣味性和竞赛的公平性。首先，教师应选择具有趣味性和挑战性的数学游戏或竞赛项目，让学生能够在游戏中感受到数学的乐趣和挑战；其次，教师应制定公平合理的竞赛规则和评分标准，确保每个学生都有平等的机会展示自己的才华和能力；最后，教师应关注学生的参与和体验过程，让他们在游戏中获得成长和进步。

在活动实施过程中，教师应注重学生的参与和互动。首先，教师应鼓励学生积极参与游戏和竞赛活动，让他们在游戏中锻炼自己的数学推理能力；其次，教师应关注学生的游戏过程和表现情况，及时给予指导和帮助；最后，教师应根据学生的表现情况进行评价和奖励，激发他们的学习热情和自信心。

（四）数学阅读与讨论活动

数学阅读与讨论活动是一种通过阅读数学书籍、文献或文章来培养学生数学推理能力的教学活动。这类活动能够帮助学生拓展数学视野、了解数学文化和历史背景、掌握数学思想和方法。

在设计数学阅读与讨论活动时，教师应注重阅读材料的选择和讨论主题的确定。首先，教师应选择具有代表性、启发性和趣味性的数学阅读材料供学生阅读；其次，教师应根据阅读材料的内容确定讨论主题并引导学生进行深入的讨论和交流；最后，教师应关注学生的讨论过程和思考过程，及时给予指导和评价。

在活动实施过程中，教师应注重学生的阅读和讨论能力。首先，教师应鼓励学生认真阅读并理解阅读材料的内容；其次，教师应引导学生积极参与讨论并发表自己的观点和看法；最后，教师应关注学生的思考深度和广度以及语言表达能力和逻辑思维能力。

通过实施以上教学活动，教师可以有效地培养学生的数学推理能力并提升他们的数学素养和创新能力。同时这些活动还能够激发学生的学习兴趣和动力，并培养他们的合作精神和团队意识。因此教师在数学教学中应注重设计多样化的教学活动来促进学生的全面发展。

四、推理与证明在数学思维培养中的关键作用

在深入探讨数学教育的核心任务时，我们不可忽视推理与证明在数学思维培养中的关键作用。这两种思维活动不仅构成了数学学科的基石，而且在塑造学生数学思维能力方面起着决定性的作用。以下，我们将详细探讨推理与证明在数学思维培养中的作用。

（一）推理在数学思维培养中的引导作用

推理，作为一种基于已知事实或假设得出结论的思维方式，在数学思维培养中发挥着至关重要的引导作用。通过推理，学生可以逐步深入数学问题的本质，理解数学概念和原理的内在联系，形成系统的数学知识体系。

在数学学习中，学生经常需要面对各种复杂的问题。通过推理，他们可以从问题的表面现象出发，逐步深入问题的本质，发现其中的规律和联系。这种思维方式有助于学生建立清晰的数学思路，提高他们解决问题的

能力。

此外，推理还能培养学生的逻辑思维能力和批判性思维能力。在推理过程中，学生需要运用逻辑思维来分析和解决问题，同时还需要学会质疑和审视问题，从而培养他们的批判性思维能力。这些能力对于学生未来的学习和生活都具有重要意义。

（二）证明在数学思维培养中的巩固作用

证明，作为一种通过逻辑推理来验证结论正确性的思维方式，在数学思维培养中同样具有重要的作用。通过证明，学生可以进一步巩固所学的数学知识，加深对数学概念和原理的理解。

在数学学习中，学生需要掌握大量的数学定理和公式。这些定理和公式不仅是数学学科的基础，而且是解决问题的重要工具。然而，仅仅记住这些定理和公式是远远不够的，更重要的是要理解它们的本质和内涵。通过证明，学生可以深入了解定理和公式的推导过程，理解它们的来源和适用范围，从而加深对它们的理解和记忆。

此外，证明还能培养学生的创新能力和探索精神。在证明过程中，学生需要运用所学的知识和方法来探索新的结论和规律。这种探索过程需要学生具备创新意识和探究意识，从而培养他们的创新能力和探索精神。

（三）推理与证明在数学思维培养中的相互促进作用

推理与证明在数学思维培养中并非孤立存在，而是相互促进、相辅相成的。一方面，推理为证明提供了基础和支持，通过推理，学生可以深入理解问题的本质和规律，为证明提供有力的依据；另一方面，证明又进一步巩固和深化了推理的成果，通过证明，学生可以更加深入地理解数学概念和原理，提高他们的数学思维能力。

在数学教育中，教师应注重培养学生的推理与证明能力。可以通过设计具有挑战性的问题、引导学生参与数学竞赛和实践活动等方式来激发学生的思维火花，培养他们的数学思维能力。同时，教师还应注重学生的个体差异和兴趣特点，因材施教、因势利导地培养学生的数学思维能力。

综上所述，推理与证明在数学思维培养中发挥着重要的作用。它们不仅有助于学生深入理解数学概念和原理、形成系统的数学知识体系，而且还能培养学生的逻辑思维能力、批判性思维能力、创新能力和探索精神。

因此，在数学教育中，教师应注重培养学生的推理与证明能力，以提高学生的数学素养和思维能力。

第四节　创造性思维与数学创作

在数学教育的广袤领域中，创造性思维的培养与数学创作的实践占据着举足轻重的地位。这不仅是对学生数学素养的全面提升，更是对他们创新精神和独立思考能力的深度挖掘。下面，我们将从几个维度深入探讨创造性思维在数学教育中的重要性。

一、创造性思维在数学教育中的重要性

在数学学科的探索与实践中，创造性思维是不可或缺的核心能力。它不仅能帮助学生深入理解数学的本质，更能激发他们的创新潜能，使他们在数学世界中自由翱翔。

（一）深化数学理解

创造性思维在数学教育中的价值，首先体现在对数学问题的深入理解和解析上。传统的数学教育往往侧重于知识的传授和模仿，而创造性思维则鼓励学生从新的角度、用新的方法去审视和解决数学问题。通过这种思维方式的训练，学生能够更加深入地理解数学概念和原理，形成自己独特的数学见解。

（二）激发创新潜能

创造性思维的核心在于创新。在数学教育中，培养学生的创造性思维，就是要激发他们的创新潜能，使他们能够不断地探索新的数学领域、发现新的数学规律。这种创新能力的培养，不仅有助于学生在数学学科上取得更高的成就，更能为他们未来的学习和生活奠定坚实的基础。

（三）提升独立思考能力

创造性思维还强调独立思考的重要性。在数学教育中，培养学生的创造性思维，就是要让他们学会独立思考、自主解决问题。通过独立思考的

训练，学生能够更加自主地学习数学知识、探索数学世界，形成自己独特的数学思维方式和解题策略。

（四）促进数学创作的实践

创造性思维的培养，与数学创作的实践紧密相连。数学创作是创造性思维在数学领域的一种具体体现，它要求学生运用所学的数学知识、方法和技能，创作出具有创新性和实用性的数学作品。这种创作实践不仅能够锻炼学生的数学能力，更能培养他们的创新精神和艺术修养。

在数学教育中，教师应注重培养学生的创造性思维，为他们提供广阔的数学创作空间。可以通过组织数学竞赛、开设数学研究课程、搭建数学交流平台等方式，激发学生的创作热情和创新潜能。同时，教师还应关注学生的个体差异和兴趣特点，因材施教、因势利导地培养学生的创造性思维。

（五）创造性思维在数学教育中的实施策略

为了在数学教育中有效培养学生的创造性思维，教师需要制定并实施一系列的策略。

1. 问题导向的教学策略

通过设计具有挑战性和开放性的问题，引导学生主动思考、探索解决方案。这种问题导向的教学策略能够激发学生的好奇心和求知欲，培养他们的探索精神和创新能力。

2. 项目式学习

鼓励学生参与数学项目的研究与实践，通过团队合作、自主探究的方式解决问题。这种学习方式能够让学生在实践中锻炼创造性思维，提升他们的数学应用能力和团队协作能力。

3. 跨学科融合

将数学与其他学科相结合，开展跨学科的教学活动。通过跨学科的学习，学生能够接触到更广泛的知识领域和思维方式，从而拓宽他们的数学视野和创造性思维。

4. 鼓励创新实践

为学生提供创新实践的机会和平台，如数学实验室、数学俱乐部等。在这些平台上，学生可以自由地进行数学创作和实验，展现他们的创新才能和数学才华。

5. 评价与反馈

建立科学、合理的评价体系，对学生的创造性思维成果进行及时、有效的反馈。通过评价与反馈，学生能够了解自己的优点和不足，从而有针对性地改进和提高自己的数学思维能力。

总之，创造性思维在数学教育中具有不可替代的作用。通过培养学生的创造性思维，我们能够提升他们的数学素养和创新能力，为他们未来的学习和生活奠定坚实的基础。因此，在数学教育中，教师应注重培养学生的创造性思维，并采取相应的策略来实施这一教育目标。

二、创造性思维的培养方法与途径

在数学教育中，创造性思维的培养是提升学生综合素质和创新能力的重要方面。为了有效培养学生的创造性思维，我们需要探索和实践一系列的培养方法与途径。以下将详细阐述创造性思维的培养方法与途径，以及它们在数学教育中的应用。

（一）创设问题情境，激发创新意识

在数学教学中，创设问题情境是培养学生创造性思维的起点。通过设计具有启发性和挑战性的问题，教师可以激发学生的好奇心和求知欲，引导他们主动思考、探索解决方案。这种问题情境的创设需要符合学生的认知特点和兴趣需求，能够引起他们的共鸣和兴趣。

例如，教师可以利用数学游戏、数学故事等趣味性强的内容，设计具有层次性和递进性的问题情境。通过引导学生逐步深入问题的本质，教师可以帮助他们建立清晰的数学思路，提高他们的思维能力和创新能力。

（二）开展探究式学习，培养创新能力

探究式学习是一种以学生为中心的学习方式，它通过引导学生主动探究、发现、解决问题来培养他们的创新能力和实践能力。在数学教育中，开展探究式学习可以帮助学生深入理解数学概念和原理，掌握数学方法和技能，并培养他们的独立思考和创新能力。

为了开展探究式学习，教师可以设计具有探究性和开放性的数学问题，引导学生通过小组合作、自主探究等方式来解决问题。在探究过程中，教师需要注重学生的参与和体验，鼓励他们大胆尝试、勇于探索，并及时给予指导和帮助。

（三）加强数学与其他学科的融合，拓宽创新视野

数学是一门具有广泛应用价值的学科，它与其他学科之间存在着密切的联系和交叉。在数学教育中，加强数学与其他学科的融合可以帮助学生拓宽创新视野，了解数学在现实生活中的应用和价值。

为了实现数学与其他学科的融合，教师可以设计具有跨学科性质的数学问题，引导学生从多个角度、多个层面来思考和解决问题。同时，教师还可以组织学生参与跨学科的研究项目和实践活动，让他们在实践中体验数学的魅力和价值。

（四）开展数学竞赛和实践活动，提升创新水平

数学竞赛和实践活动是检验学生数学能力和创新能力的重要平台。通过参与数学竞赛和实践活动，学生可以锻炼自己的数学思维能力和解题技巧，提高自己的创新水平和综合素质。

为了开展数学竞赛和实践活动，学校可以组织校内外的数学竞赛和实践活动，如数学奥林匹克竞赛、数学建模竞赛、数学实验等。这些活动需要注重学生的参与和体验，让他们在实践中锻炼自己的数学能力和创新能力。同时，学校还需要为学生提供必要的指导和支持，帮助他们解决在竞赛和实践中遇到的问题和困难。

（五）注重个体差异，因材施教

在培养学生的创造性思维过程中，教师需要注重学生的个体差异和兴趣特点。不同学生的数学基础和兴趣爱好不同，他们的创造性思维能力也存在差异。因此，教师需要因材施教、因势利导地培养学生的创造性思维。

为了实现因材施教、因势利导地培养学生的创造性思维，教师可以采用个性化的教学策略和方法。例如，对于数学基础较差的学生，教师可以采用启发式、引导式的教学方式来帮助他们建立数学兴趣和自信心；对于数学基础较好的学生，教师可以采用探究式、合作式的教学方式来激发他们的创新潜能和探索精神。同时，教师还需要关注学生的情感需求和心理健康，为他们提供必要的情感支持和心理关怀。

总之，创造性思维的培养是数学教育的重要任务之一。通过创设问题

情境、开展探究式学习、加强数学与其他学科的融合、开展数学竞赛和实践活动以及注重个体差异因材施教等方法和途径，我们可以有效地培养学生的创造性思维，提升他们的数学素养和创新能力。这些方法和途径不仅适用于数学教育领域，也对其他学科的教育具有一定的借鉴意义。

三、创造性思维与数学问题解决的关系

在数学领域中，问题解决不仅是数学学习的核心活动，更是创造性思维得以展现和发展的重要平台。创造性思维和数学问题解决之间存在着密切的联系和相互作用，共同推动着数学学科的发展和进步。以下将详细探讨创造性思维与数学问题解决的关系。

（一）创造性思维在数学问题解决中的核心作用

在数学问题解决过程中，创造性思维发挥着至关重要的作用。创造性思维的灵活性、开放性和创新性，使得学生能够从不同的角度和层面去审视和解决问题，从而发现新的解题方法和策略。

首先，创造性思维能够帮助学生突破传统的思维模式，打破思维定势。在数学问题解决中，学生常常会遇到一些看似复杂或难以解决的问题。此时，创造性思维能够引导学生跳出传统的思维模式，从新的角度和层面去审视问题，发现问题的本质和规律，从而找到解决问题的新途径。

其次，创造性思维能够激发学生的创新潜能，推动他们不断尝试新的解题方法和策略。在数学问题解决中，学生需要不断地尝试和探索新的解题方法和策略，这需要他们具备较高的创新能力和实践能力。创造性思维能够激发学生的创新潜能，让他们勇于尝试新的方法和策略，不断挑战自我，提高解题能力和水平。

最后，创造性思维能够帮助学生形成独特的解题风格和思维方式。在数学问题解决中，每个学生都有自己独特的解题风格和思维方式。创造性思维能够帮助学生形成自己的解题风格和思维方式，使他们在解题过程中更加自信和从容，提高解题效率和准确性。

（二）数学问题解决对创造性思维的促进作用

数学问题解决不仅是创造性思维得以展现和发展的重要平台，同时也对创造性思维的发展具有积极的促进作用。

首先，数学问题解决能够为学生提供丰富的实践机会和挑战空间。在数学问题解决过程中，学生需要不断地尝试和探索新的解题方法和策略，这需要他们具备较高的实践能力和创新能力。这种实践机会和挑战空间能够激发学生的创造潜能，推动他们不断创新和发展。

其次，数学问题解决能够帮助学生深入理解数学概念和原理。在数学问题解决中，学生需要运用所学的数学知识和方法来解决问题。这种运用过程能够帮助学生深入理解数学概念和原理，掌握数学方法和技能，为创造性思维的发展提供坚实的基础。

最后，数学问题解决能够培养学生的逻辑思维能力和推理能力。在数学问题解决中，学生需要运用逻辑思维和推理能力来分析和解决问题。这种能力的培养能够提高学生的思维能力和创新能力，为创造性思维的发展提供有力的支持。

（三）创造性思维与数学问题解决相互作用的机制

创造性思维与数学问题解决之间存在着相互作用的机制。这种机制主要体现在以下几个方面。

首先，创造性思维为数学问题解决提供了新的思路和方法。在数学问题解决中，创造性思维能够引导学生从不同的角度和层面去审视问题，发现新的解题方法和策略。这种新的思路和方法能够帮助学生更加高效地解决问题，提高解题效率和准确性。

其次，创造性思维与数学问题解决相互促进、相互提高。在数学问题解决中，创造性思维能够帮助学生找到新的解题方法和策略；同时，数学问题解决也能够为创造性思维提供实践机会和挑战空间，推动其不断发展和提高。这种相互促进、相互提高的机制使得创造性思维与数学问题解决之间形成了紧密的联系和相互作用机制。

综上所述，创造性思维与数学问题解决之间存在着密切的联系和相互作用机制。在数学教育中，我们应该注重培养学生的创造性思维和问题解决能力，为他们的未来发展奠定坚实的基础。

第三章　数字化时代的数学教育

在科技飞速发展的数字化时代，数学教育正经历着前所未有的变革。信息技术、人工智能等科技手段的融入，不仅为数学学科的教学和学习提供了全新的平台和工具，更在深层次上推动了数学教育理念和方法的更新。本章将深入探讨数字化时代数学教育的变革，以及科技创新如何与数学学科深度融合，共同推动数学教育的发展。

第一节　科技创新与数学学科的融合

随着科技的不断发展，科技创新与数学学科的融合已成为数学教育发展的重要趋势。数学作为一门基础学科，其严谨的逻辑思维和精确的计算能力为科技创新提供了坚实的基础。同时，科技创新也为数学学科的教学和学习提供了更加丰富和多元的手段和工具。这种融合不仅促进了数学学科的发展，也为培养具有创新精神和实践能力的人才提供了有力支持。

一、信息技术在数学教育中的应用现状

（一）数字化教学资源的丰富性

信息技术的快速发展，为数学教育提供了海量的数字化教学资源。这些资源包括电子教材、在线课程、多媒体素材等，不仅丰富了教学内容，也提高了教学效率和趣味性。通过数字化教学资源，教师可以更加便捷地获取和整理教学资料，学生可以更加灵活地选择学习内容和方式。同时，数字化教学资源还可以实现跨地域、跨时间的共享，为数学教育的发展提

供了广阔的空间。

（二）信息技术在教学过程中的创新应用

信息技术在数学教学过程中的创新应用，为数学学科的教学和学习带来了革命性的变化。例如，利用虚拟现实技术，可以创建出逼真的数学场景，让学生在虚拟环境中进行数学实验和探究；利用大数据分析技术，可以对学生的学习行为进行分析和预测，为教师提供更加精准的教学指导；利用人工智能技术，可以实现个性化的学习推荐和智能辅导，提高学生的学习效率和兴趣。这些创新应用不仅丰富了教学手段和方式，也提高了数学教育的质量和水平。

（三）信息技术在数学问题解决中的应用

信息技术在数学问题解决中的应用，为学生提供了更加便捷和高效的解决方案。例如，利用数学软件可以进行复杂的数学计算和图形绘制；利用在线数学社区可以获取他人的解题经验和技巧；利用智能学习系统可以实现个性化的学习路径规划和问题解答。这些应用不仅提高了学生解决数学问题的能力，也激发了他们的创造性和探索精神。同时，信息技术在数学问题解决中的应用也促进了数学学科与其他学科的交叉融合，为培养具有跨学科素养的人才提供了有力支持。

（四）信息技术对数学教师专业发展的促进作用

信息技术的发展不仅改变了学生的学习方式和手段，也对数学教师的专业发展提出了新的要求。通过利用信息技术工具和平台，教师可以更加便捷地获取和更新专业知识、分享教学经验和成果、参与学术交流与合作。这些活动不仅可以提高教师的专业素养和教学能力，也可以促进教师之间的合作和交流，推动数学教育的共同进步和发展。同时，信息技术还为教师提供了更多的职业发展机会和平台，如在线教育、远程教学等，为教师的职业发展注入了新的活力和动力。

综上所述，信息技术在数学教育中的应用现状呈现出多元化、创新化和高效化的特点。它不仅丰富了数学学科的教学资源和手段，也提高了数学教育的质量和水平。然而，在享受信息技术带来的便利和优势的同时，我们也应该意识到其可能带来的挑战和问题，如信息安全、数据隐私等。因此，在未来的发展中，我们需要不断探索和创新信息技术在数学教育中的应用模式和方法，以更好地推动数学教育的发展和进步。

二、数学与科技融合的教学模式

在数字化时代的浪潮中，数学与科技之间的融合不仅体现在教学资源和技术应用的层面，更深入地影响了教学模式的变革。这种融合不仅为学生提供了更加丰富和多元的学习体验，也为教师提供了更多的教学选择和可能性。以下将深入探讨数学与科技融合的教学模式，以及这种模式对数学教育的影响。

（一）混合式教学模式的兴起

随着信息技术的发展，混合式教学模式逐渐成为数学与科技融合的重要体现。混合式教学模式是指将传统课堂教学与在线教学相结合的一种教学模式，它充分利用了信息技术的优势，为学生提供了更加灵活和多样化的学习方式。

在混合式教学模式中，学生可以在课堂上与教师进行面对面的互动和交流，获得及时的反馈和指导；同时，学生也可以利用在线平台进行自主学习和探究，根据自己的学习进度和兴趣选择学习内容。这种教学模式不仅提高了学生的学习效率和兴趣，也促进了学生的自主学习和探究能力的发展。

对于教师而言，混合式教学模式也带来了更多的教学选择和可能性。教师可以通过在线平台发布教学资源和作业，实时跟踪学生的学习进度和成绩，及时调整教学策略和方法。同时，教师也可以利用在线平台与学生进行交流和互动，了解学生的学习需求和困惑，提供更加精准的教学指导和支持。

（二）项目式学习的实施

项目式学习是数学与科技融合教学模式中的另一种重要形式。它强调学生通过参与实际项目来解决数学问题，培养学生的实践能力和创新能力。

在项目式学习中，学生需要组建团队，明确项目目标和任务，制订项目计划和时间表，进行项目研究和实践。在项目实施过程中，学生需要运用所学的数学知识和技能，结合科技手段和方法，解决项目中的数学问题。这种学习方式不仅提高了学生的数学应用能力，也培养了学生的团队协作和沟通能力。

对于教师而言，项目式学习也需要他们具备更高的专业素养和教学能力。教师需要引导学生明确项目目标和任务，提供必要的数学知识和技术支持，指导学生进行项目研究和实践。同时，教师还需要对学生的项目成果进行评价和反馈，帮助学生总结经验教训，提高项目实践能力和创新能力。

（三）个性化学习路径的定制

随着人工智能技术的发展，个性化学习路径的定制也成为数学与科技融合教学模式的重要趋势。通过利用大数据和人工智能技术，系统可以根据学生的学习情况和需求，为学生定制个性化的学习路径和计划。

在个性化学习路径的定制中，系统首先会对学生的学习数据进行分析和挖掘，了解学生的学习习惯、能力和兴趣等方面的信息。然后，系统会根据这些信息为学生推荐适合的学习资源和内容，制定个性化的学习计划和目标。在学习过程中，系统还会根据学生的学习进度和反馈，动态调整学习路径和计划，确保学生能够在最短时间内达到最佳的学习效果。

个性化学习路径的定制不仅提高了学生的学习效率和兴趣，也促进了学生的自主学习和探究能力的发展。同时，它也为教师提供了更加精准的教学指导和支持，帮助教师更好地了解学生的学习情况和需求，制定更加合适的教学策略和方法。

（四）虚拟现实与增强现实技术的运用

虚拟现实（VR）和增强现实（AR）技术的运用，为数学与科技融合的教学模式进一步深化提供了新的可能性。这些技术能够创建出逼真的数学场景和实验环境，让学生在虚拟世界中进行数学学习和探究。

在 VR 和 AR 技术的支持下，学生可以亲身体验数学概念和原理的形成过程，通过亲手操作和探究来深入理解数学知识。这种学习方式不仅提高了学生的学习兴趣和参与度，也促进了学生的空间想象和逻辑思维能力的发展。

对于教师而言，VR 和 AR 技术也提供了更多的教学选择和可能性。教师可以通过这些技术创建出丰富多样的数学场景和实验环境，为学生提供更加生动和直观的学习体验。同时，教师还可以利用这些技术进行远程教学和辅导，为学生提供更加便捷和高效的学习支持。

综上所述，数学与科技融合的教学模式为数学教育的发展注入了新的活力和动力。通过利用信息技术和人工智能技术等科技手段，我们可以构建出更加灵活、多样化和个性化的教学模式，提高数学教育的质量和水平。在未来的发展中，我们需要不断探索和创新数学与科技融合的教学模式和方法，以更好地适应数字化时代的需求和挑战。

三、科技创新对数学教学内容的影响

在数字化时代背景下，科技创新对数学教学内容产生了深远的影响。随着科技的不断进步，数学教学的内容、形式和方法都发生了显著的变化，这些变化不仅推动了数学教育的现代化进程，也为学生提供了更加广阔的学习视野和丰富的学习体验。

（一）教学内容的拓展与更新

科技创新为数学教学带来了丰富多样的教学资源，这些资源不仅拓展了数学教学的内容，也更新了数学知识的呈现方式。例如，数学软件、在线平台和应用程序等科技工具，为数学教学提供了大量的数字化资源，如电子教材、视频教程、在线测试和模拟实验等。这些资源使得数学教学不再局限于传统的纸质教材，而是可以根据学生的兴趣和需求进行个性化的定制和推送。

同时，科技创新还促进了数学与其他学科的交叉融合，形成了一些新的数学分支和领域。例如，数据科学、计算物理、生物信息学等，这些领域都涉及大量的数学知识和方法。因此，在数学教学中，需要适当增加这些新领域的内容，以培养学生的跨学科素养和综合能力。

（二）教学方法的革新与升级

科技创新为数学教学带来了许多新的教学方法和工具，这些方法和工具不仅提高了教学效率，也增强了学生的学习体验。例如，基于项目的学习、探究式学习、翻转课堂等教学方法，都强调学生的主动性和参与性，鼓励学生通过自主学习和合作学习来解决问题。这些教学方法不仅培养了学生的实践能力和创新思维，也激发了学生的学习兴趣和动力。

同时，数学软件和编程工具等科技工具也为数学教学提供了新的教学手段。通过这些工具，学生可以更加直观地理解数学概念和原理，进行数学计算和模拟实验等。这些教学手段不仅提高了学生的学习效果，也培养了学生的计算能力和编程能力。

（三）教学评价的变革与优化

科技创新为数学教学评价带来了变革与优化。传统的数学教学评价往往以考试成绩为主要标准，忽视了学生的学习过程和能力发展。而科技创新使得教学评价可以更加全面和客观地进行。例如，通过在线测试和数据分析等技术手段，可以实时跟踪学生的学习进度和成绩变化，及时发现学生的问题和不足，并进行针对性的指导和帮助。同时，还可以利用大数据和人工智能技术对学生的学习行为和习惯进行分析和挖掘，以更加准确地评估学生的学习效果和能力水平。

此外，科技创新还为数学教学评价提供了更多的评价方式和手段。例如，基于项目的评价、同伴评价、自我评价等评价方式，都强调了学生的主体性和参与性，鼓励学生通过自我评价和反思来改进自己的学习方法和策略。这些评价方式不仅提高了学生的自我评价能力和反思能力，也促进了学生的自主学习和自我发展。

（四）科技创新对数学教育的未来展望

随着科技的不断发展，数学教学将迎来更多的创新和变革。一方面，科技创新将继续为数学教学提供更加丰富多样的教学资源和手段，使得数学教学更加生动、直观和有趣。另一方面，科技创新也将促进数学与其他学科的交叉融合，形成更多的新领域和新应用，为数学教育的发展带来新的机遇和挑战。

在未来的数学教育中，需要更加注重培养学生的创新精神和实践能力，鼓励学生通过自主学习和合作学习来解决问题。同时，也需要加强数学与其他学科的交叉融合，培养学生的跨学科素养和综合能力。此外，还需要不断探索和创新数学教学的方法和手段，以适应数字化时代的需求和挑战。

综上所述，科技创新对数学教学内容产生了深远的影响。它不仅拓展了数学教学的内容，更新了数学知识的呈现方式，也促进了教学方法的革新与升级，以及教学评价的变革与优化。在未来的数学教育中，需要充分利用科技创新的优势，不断探索和创新数学教学的方法和手段，以推动数学教育的现代化进程和发展。

四、数学教育中的未来技术趋势

随着科技的飞速发展，数学教育领域也在经历着前所未有的变革。从传统的课堂教学到现代的数字化教学，再到未来的智能化、个性化教学，技术正在逐步改变数学教育的面貌。以下将深入探讨数学教育中的未来技术趋势，以及这些趋势对数学教育可能产生的影响。

（一）智能化教学的崛起

智能化教学将是未来数学教育的重要趋势之一。随着人工智能技术的不断发展，智能化教学系统能够根据学生的学习情况和需求，提供个性化的学习方案和资源。通过智能算法和大数据分析，系统能够实时跟踪学生的学习进度和成绩，发现学生的学习难点和问题，并自动调整教学策略和难度，实现真正意义上的因材施教。

智能化教学不仅能够提高学生的学习效率和兴趣，还能够减轻教师的教学负担。教师可以利用智能化教学系统，快速生成课件、布置作业、批改试卷等，节省大量时间和精力。同时，智能化教学系统还能够为教师提供学生的学习数据和分析报告，帮助教师更好地了解学生的学习情况和需求，制订更加科学、合理的教学计划。

（二）虚拟现实与增强现实技术的应用

VR 和 AR 技术将为数学教育带来全新的教学体验。通过 VR 和 AR 技术，学生可以身临其境地感受数学概念和原理的形成过程，更加直观地理解数学知识和方法。例如，在几何教学中，学生可以通过 VR 技术进入虚拟的三维空间，观察各种几何体的形状和性质；在代数教学中，学生可以通过 AR 技术在现实世界中看到数学公式和符号的投影，更加深入地理解其含义和应用。

VR 和 AR 技术的应用将使得数学教学更加生动、有趣和直观，激发学生的学习兴趣和动力。同时，这些技术还能够为学生提供更加丰富的学习资源和互动体验，帮助学生更好地掌握数学知识和技能。

（三）自适应学习技术的普及

自适应学习技术是一种能够根据学生的学习情况和需求，自动调整学习内容和难度的教学技术。通过自适应学习技术，学生可以根据自己的学习进度和能力水平，选择适合自己的学习内容和难度，实现个性化的学习。

自适应学习技术将使得数学教学更加灵活、多样和个性化。学生可以根据自己的兴趣和需求，自由选择学习内容和进度，不再受传统课堂教学的限制。同时，自适应学习技术还能够为学生提供及时的反馈和指导，帮助学生及时发现和纠正学习中的错误和不足。

（四）数字化资源的共享与协作

随着互联网的普及和发展，数字化资源的共享与协作将成为未来数学教育的重要趋势之一。通过互联网平台，教师和学生可以方便地获取各种数学资源和信息，实现资源的共享和协作。

数字化资源的共享与协作将使得数学教学更加开放、多元和互动。学生可以通过互联网平台，与其他学生或教师进行交流和讨论，分享自己的学习经验和成果。同时，教师还可以利用互联网平台，与其他教师或专家进行交流和合作，共同开发优质的教学资源和课程。

（五）跨学科融合与综合实践

未来的数学教育将更加注重跨学科融合和综合实践。数学作为一门基础学科，与其他学科有着密切的联系和交叉。通过跨学科融合和综合实践，学生可以将数学知识应用到其他领域中，解决实际问题。

跨学科融合和综合实践将使得数学教学更加实用、有趣和具有挑战性。学生可以通过参与各种实践活动和项目，将数学知识与其他学科知识相结合，培养自己的综合素质和创新能力。同时，这些活动还能够为学生提供更加广阔的视野和机会，帮助他们更好地适应未来社会的发展需求。

综上所述，未来数学教育中的技术趋势将呈现出智能化、虚拟化、个性化、共享化和综合化的特点。这些趋势将推动数学教育向更加现代化、高效化和个性化的方向发展，为学生提供更加优质、丰富和有趣的学习体验。

第二节　数学学习应用软件的设计与运用

数学学习应用软件在教育教学领域中的应用日益广泛，这类软件以其独特的优势，如个性化学习、实时反馈和丰富的互动性等，为学生提供了更为高效、便捷的数学学习方式。本节将深入探讨数学学习应用软件的类型、功能以及其在教育实践中的运用。

一、数学学习软件的类型与功能

在数字化时代的浪潮中，数学学习软件以其独特的教学价值和广泛的应用前景，逐渐成为教育领域的重要工具。这些软件通过融合先进的技术与数学教育理论，为学生提供了丰富的学习资源和个性化的学习体验。以下将详细探讨数学学习软件的类型及其功能。

（一）数学学习软件的类型

数学学习软件在设计和开发过程中，根据不同的教学目标和用户需求，形成了多种类型。这些类型在功能、特点和适用场景上各有侧重，以满足不同学习者的需求。

1. 基础训练型软件

基础训练型软件主要针对数学基础知识的学习和巩固。它们通常包含大量的练习题和测试题，覆盖数学学科的各个知识点。通过智能化的算法和题库设计，这些软件能够根据学生的学习情况和进度，自动调整题目的难度和类型，实现个性化的学习体验。此外，基础训练型软件还具备实时反馈和数据分析功能，能够帮助学生及时了解自己的学习状况，发现薄弱环节并进行针对性的练习。

2. 概念理解型软件

概念理解型软件注重对数学概念的深入解析和可视化展示。它们利用动画、图形和模拟实验等多媒体手段，将抽象的数学概念具象化、可视化，帮助学生更好地理解和掌握数学知识。这类软件在几何、代数和函数等概念性较强的数学领域具有显著优势，能够帮助学生建立直观的数学模型，提高学习效果。

3. 问题解决型软件

问题解决型软件旨在培养学生的数学问题解决能力。它们通常包含各种实际问题或数学建模问题，要求学生运用所学的数学知识进行解决。在解决问题的过程中，软件会提供必要的提示和反馈，帮助学生逐步掌握问题解决的方法和技巧。这类软件能够锻炼学生的逻辑思维能力和创新能力，提高他们的数学素养和综合素质。

4. 互动探究型软件

互动探究型软件强调学生的参与性和主动性。它们通过游戏、竞赛和社区交流等方式，激发学生的学习兴趣和动力，促进学生在互动中学习和探究数学知识。这类软件具有丰富的互动功能和社交功能，能够让学生在轻松愉快的氛围中学习数学，提高学习效果和兴趣。

（二）数学学习软件的功能

数学学习软件在设计和开发过程中，注重实现多种功能，以满足不同学习者的需求和提高教学效果。

1. 个性化学习

数学学习软件通过智能化的算法和数据分析技术，能够根据学生的学习情况和需求，提供个性化的学习方案和资源。这些方案和资源能够根据学生的知识水平、学习风格和兴趣爱好等因素进行定制，为学生提供更加符合其实际需求的学习体验。个性化学习功能能够帮助学生更好地发挥自身潜力，提高学习效果和自信心。

2. 实时反馈

数学学习软件能够实时跟踪学生的学习进度和成绩，并提供及时的反馈和指导。这些反馈和指导能够帮助学生及时了解自己的学习状况和问题所在，并采取相应的措施进行改进。实时反馈功能能够帮助学生更好地掌握学习重点和难点，提高学习效果和效率。

3. 丰富的教学资源

数学学习软件通常包含大量的教学资源，如电子教材、视频教程、在线测试和模拟实验等。这些资源能够为学生提供多样化的学习方式和渠道，帮助他们更好地理解和掌握数学知识。同时，这些资源还能够为教师提供丰富的教学素材和辅助工具，帮助他们更好地开展教学活动和提高教学效果。

4. 互动性和趣味性

数学学习软件注重学生的参与性和主动性，通过游戏、竞赛和社区交流等方式，激发学生的学习兴趣和动力。这些互动性和趣味性的学习方式能够让学生在轻松愉快的氛围中学习数学，提高学习效果和兴趣。同时，这些方式还能够培养学生的团队协作能力和社交能力，为他们的全面发展奠定基础。

总之，数学学习软件在类型与功能上呈现出多样化和个性化的特点，能够满足不同学习者的需求，进一步提高教学效果。随着技术的不断进步和应用的不断推广，数学学习软件将在未来的数学教育领域发挥更加重要的作用。

二、数学学习软件的设计原则

在设计和开发数学学习软件时，遵循一定的设计原则能够确保软件的教育价值得到充分发挥，同时提高用户体验和学习效果。以下将详细探讨数学学习软件的设计原则，并分为两个子标题进行阐述。

（一）教育性原则

教育性原则是数学学习软件设计的核心，它要求软件必须遵循教育规律，符合学生的认知特点和学习需求。

1. 明确教学目标

在设计数学学习软件时，首先要明确教学目标，即软件要达成的教育目的。这包括知识目标、能力目标和情感目标等方面。通过明确教学目标，软件可以针对性地设计教学内容和教学活动，确保学生的学习效果。

2. 符合认知规律

学生的认知规律是设计数学学习软件时必须考虑的因素。软件应遵循学生的认知发展规律，从简单到复杂、从具体到抽象地呈现数学知识。同时，软件还应考虑学生的个体差异，提供不同难度和类型的学习资源，以满足不同学生的学习需求。

3. 强调交互性

交互性是数学学习软件的重要特点之一。通过设计丰富多样的交互活动，软件可以激发学生的学习兴趣和动力，提高他们的参与度和学习效果。例如，软件可以设计游戏化的学习环节、互动式的解题过程等，让学生在轻松愉快的氛围中学习数学。

4. 注重反馈和评价

及时的反馈和评价是数学学习软件不可或缺的功能。软件应能够根据学生的学习情况和表现，提供及时的反馈和评价信息。这些信息可以帮助学生了解自己的学习状况和进步情况，及时调整学习策略和方法。同时，软件还应提供多种评价方式，如自我评价、同伴评价和教师评价等，以全面评估学生的学习效果。

（二）技术性原则

技术性原则是确保数学学习软件能够顺利运行和发挥作用的基础。以下将从几个方面阐述技术性原则的具体内容。

1. 稳定性与可靠性

数学学习软件必须具备良好的稳定性与可靠性，以确保用户在使用过程中不会出现崩溃、卡顿等问题。为了实现这一目标，开发人员需要对软件进行严格的测试和调试，确保软件在各种环境下都能正常运行。

2. 易用性与可访问性

易用性与可访问性是数学学习软件设计的重要原则之一。软件应提供简洁明了的用户界面和操作流程，降低用户的学习成本和使用难度。同时，软件还应考虑不同用户群体的具体情况，如年龄、视力、听力等，提供可定制化的界面和辅助功能，以满足不同用户的需求。

3. 安全性与隐私性

在设计和开发数学学习软件时，必须充分考虑安全性和隐私保护问题。软件应采用安全可靠的加密技术和数据传输方式，确保用户数据的安全性与隐私性。同时，软件还应建立严格的数据管理制度和隐私保护政策，防止用户数据被滥用或泄露。

4. 可扩展性与可维护性

随着技术的不断发展和用户需求的变化，数学学习软件需要不断更新和完善。因此，软件设计时应考虑可扩展性与可维护性。具体来说，软件应采用模块化、组件化的设计方式，方便后续的功能扩展和修改。同时，软件还应提供完善的文档和技术支持服务，方便用户进行维护和升级操作。

在遵循上述设计原则的基础上，数学学习软件的设计还需要考虑一些具体的策略和方法。例如，可以采用基于人工智能和大数据的个性化推荐算法，为学生提供更加精准的学习资源和路径推荐；可以采用虚拟现实和增强现实等先进技术，为学生提供更加沉浸式和真实的学习体验；还可以采用游戏化学习等创新方式，激发学生的学习兴趣和动力等。这些策略和方法的应用将有助于提高数学学习软件的教育价值和用户体验。

总之，遵循教育性与技术性原则是设计高质量数学学习软件的关键。通过明确教学目标、符合认知规律、强调交互性、注重反馈和评价以及保障技术稳定性和可靠性等方面的努力，可以设计出既符合教育规律又满足用户需求的高质量数学学习软件。

三、数学学习软件在教学中的优势与挑战

随着信息技术的迅猛发展，数学学习软件在教学中的应用日益广泛。这类软件以其独特的教学方式和功能，为数学教学带来了许多优势，同时也面临着一些挑战。以下将详细探讨数学学习软件在教学中的优势与挑战，并分为两个子标题进行阐述。

（一）数学学习软件在教学中的优势

数学学习软件在教学中的应用，为数学教学带来了诸多优势，主要体现在以下几个方面。

1. 个性化学习体验

数学学习软件能够根据学生的个体差异和学习需求，提供个性化的学习资源和路径。通过智能算法和数据分析，软件能够识别学生的学习风格和进度，为他们推荐合适的学习内容和难度，从而实现个性化的学习体验。这种学习方式能够激发学生的学习兴趣和动力，提高他们的学习效率和效果。

2. 丰富的教学资源

数学学习软件通常包含大量的教学资源，如电子教材、视频教程、在

线测试和模拟实验等。这些资源不仅数量丰富，而且形式多样，能够为学生提供多样化的学习方式和渠道。通过这些资源，学生可以更加深入地理解和掌握数学知识，提高他们的数学素养和综合能力。

3. 实时反馈与评估

数学学习软件能够实时跟踪学生的学习进度和表现，为他们提供及时的反馈与评估。通过软件的数据分析功能，教师可以了解学生的学习情况和问题所在，为他们提供有针对性的指导和帮助。同时，学生也可以根据自己的学习情况和反馈，及时调整学习策略和方法，提高学习效果。

4. 促进自主学习与探究

数学学习软件强调学生的自主性与探究性。通过游戏化的学习环节、互动式的解题过程等方式，软件能够激发学生的学习兴趣和动力，鼓励他们进行自主学习和探究。这种学习方式能够培养学生的自主学习能力、创新思维和实践能力，为他们未来的学习和职业发展打下坚实的基础。

（二）数学学习软件在教学中的挑战

尽管数学学习软件在教学中具有诸多优势，但也面临着一些挑战和问题，主要包括以下几个方面。

1. 技术更新与维护

数学学习软件需要不断更新和维护，以适应技术的发展和用户需求的变化。然而，由于技术更新速度较快，软件开发商可能无法及时提供更新和维护服务，导致软件出现漏洞或功能失效等问题。这不仅会影响学生的学习体验和学习效果，还可能给教学工作带来不便和困扰。

2. 学生自律性与时间管理

数学学习软件虽然能够为学生提供个性化的学习资源和路径，但也需要学生具备一定的自律性和时间管理能力。如果学生缺乏自律性，可能会沉迷于游戏或社交媒体等娱乐活动，导致学习效果不佳。此外，学生还需要合理安排时间，确保在有限的时间内完成学习任务和练习。

3. 教师技能与培训

数学教学软件的有效应用需要教师具备一定的信息技术素养和教学技能。然而，由于部分教师缺乏相关技能和经验，可能无法充分利用软件的教学功能和优势。因此，应该加强教师的技能培训和指导，提高他们的信息技术素养和教学能力，以更好地发挥数学教学软件的作用。

4. 数据隐私与安全

数学学习软件在收集和使用学生数据时，需要保障数据的隐私和安全。然而，由于软件存在安全漏洞或用户不当使用等问题，可能导致数据泄露或被滥用。这不仅会侵犯学生的隐私权，还可能给他们带来不必要的麻烦和风险。因此，应该加强软件的安全防护和用户教育，确保数据的隐私和安全。

综上所述，数学学习软件在教学中的优势与挑战并存。为了充分发挥其教学价值，需要克服技术更新与维护、学生自律性与时间管理、教师技能与培训以及数据隐私与安全等方面的挑战和问题。同时，还需要不断探索和创新教学方法和策略，以更好地满足学生的学习需求和提高教学效果。

第二节　在线资源在小学数学教学的应用

信息技术迅猛发展，在线资源在教育领域的应用日益广泛，为小学数学教学提供了新的思路和方法。本节将深入探讨在线资源在小学数学教学中的具体应用，以及其对教学效果的互动关系。

一、数学学习软件的类型与功能

在当今日益发展的教育技术领域，数学学习软件作为一种重要的辅助工具，已经深入到数学教学的各个环节。这类软件以其独特的类型和多样化的功能，为数学教学的创新与发展提供了有力支持。

（一）数学学习软件的类型

数学学习软件可以根据其教学目标、内容形式和适用对象等维度进行分类。以下将从这三个维度出发对数学学习软件的类型进行阐述。

1. 按教学目标分类

（1）基础型学习软件：这类软件主要针对数学基础知识的教学和巩固，包括数的认识、四则运算、图形认识等基础内容。它们通常具有直观性强的特点，通过丰富的图像、动画和声音等手段，帮助学生理解和掌握数学基础知识。

（2）拓展型学习软件：在掌握基础知识的基础上，拓展型学习软件注重培养学生的数学思维能力和创新能力。它们通常包含一些具有挑战性的数学问题或项目，鼓励学生通过探索、实践和创新来解决问题。

（3）应试型学习软件：针对数学考试的需求，应试型学习软件主要提供大量的数学试题和模拟考试环境。它们通过智能算法和数据分析，为学生提供个性化的学习建议和练习资源，帮助学生提高数学考试成绩。

2. 按内容形式分类

（1）交互式学习软件：这类软件通过交互式设计，让学生参与到数学学习中来。它们通常包含一些互动性强的学习环节，如拖拽、点击、填空等，让学生在实践中学习和掌握知识。

（2）游戏化学习软件：将数学知识融入游戏中，让学生在游戏中学习和巩固数学知识。这类软件通常具有趣味性强的特点，能够激发学生的学习兴趣和动力。

（3）虚拟现实学习软件：利用虚拟现实技术，为学生创造一个沉浸式的数学学习环境。通过模拟真实场景和物体，让学生在虚拟环境中进行数学学习和实践。

3. 按适用对象分类

（1）儿童数学学习软件：针对儿童设计的数学学习软件，注重趣味性和互动性。它们通常以卡通形象、动画和声音等手段吸引儿童的注意力，帮助儿童在轻松愉快的氛围中学习数学。

（2）中小学生数学学习软件：针对中小学生设计的数学学习软件，注重知识的系统性和深度。它们通常包含丰富的数学知识点和练习题题库，能够满足不同学生的学习需求。

（3）成人数学学习软件：针对成人设计的数学学习软件，注重实用性和针对性。它们通常包含一些与工作、生活相关的数学知识和应用案例，帮助成人提高数学素养和解决问题的能力。

（二）数学学习软件的功能

数学学习软件的功能多种多样，以下将列举一些常见的功能并阐述其作用。

1. 教学功能

数学学习软件的首要功能是辅助教学。它们通过直观、生动的图像、动画和声音等手段，帮助学生理解和掌握数学知识。同时，软件中的互动环节和游戏元素也能够激发学生的学习兴趣和动力。

2. 练习功能

练习是数学学习中不可或缺的一部分。数学学习软件通常包含大量的练习题库和智能算法，能够为学生提供个性化的练习资源和反馈。通过不断的练习和反馈，学生可以提高自己的数学水平和解题能力。

3. 评估功能

数学学习软件能够实时跟踪学生的学习进度和表现，并提供及时的评估反馈。通过数据分析功能，教师可以了解学生的学习情况和问题所在，为他们提供有针对性的指导和帮助。同时，学生也可以根据自己的学习情况，及时调整学习策略和方法。

4. 资源共享功能

数学学习软件通常具有资源共享的功能。学生可以在软件上分享自己的学习心得、解题方法和学习资源等，与其他同学进行交流和讨论。这种资源共享的方式能够帮助学生拓宽视野、丰富学习资源、提高学习效果。

5. 自适应学习功能

一些先进的数学学习软件还具有自适应学习的功能。它们能够根据学生的个体差异和学习需求，自动调整教学内容和难度，为学生提供个性化的学习体验。这种自适应学习的方式能够更好地满足学生的学习需求和提高学习效果。

综上所述，数学学习软件的类型和功能多种多样，能够满足不同学生的学习需求和提高学习效果。在未来的数学教学中，数学学习软件将继续发挥重要作用，为数学教学的创新与发展提供有力支持。

二、在线资源在小学数学教学中的整合

随着信息技术的飞速发展，在线资源在小学数学教学中的应用日益广泛，其独特的优势和价值也逐渐得到认可。然而，如何将这些丰富的在线

资源有效地整合到小学数学教学中，以发挥其最大的教育价值，是当前教育工作者需要深入研究和探讨的问题。

（一）在线资源整合的理论基础

在线资源的整合不是简单的堆砌和累加，而是基于一定的理论基础和教学原则进行的。建构主义学习理论强调学习者的主体性和知识的建构性，认为学习是学习者在已有知识经验的基础上，通过与环境的互动和反思，主动建构知识的过程。因此，在线资源的整合应以学生为中心，关注学生的学习需求和认知特点，通过提供丰富的学习资源和多样化的学习方式，促进学生的自主学习和协作学习。

同时，认知负荷理论也为在线资源的整合提供了重要的指导。该理论认为，在学习过程中，学习者需要处理的信息量是有限的，过多的信息会增加学习者的认知负荷，降低学习效率。因此，在线资源的整合应注重信息的精简和优化，避免信息过载和冗余，以减轻学习者的认知负荷，提高学习效果。

（二）在线资源整合的策略

1. 资源筛选与分类

面对海量的在线资源，如何进行筛选与分类是整合的第一步。教师应根据教学目标和学生的学习需求，选择具有针对性、科学性和趣味性的在线资源。同时，为了方便学生的使用和管理，教师可以对资源进行分类整理，如按照知识点、难度等级、资源类型等进行分类，以便学生快速找到所需的资源。

2. 资源融合与重构

资源的融合与重构是整合的关键环节。教师可以通过将在线资源与教材内容、课堂教学和学生活动相结合，形成完整的教学体系。例如，教师可以利用在线视频、动画等资源辅助教学，帮助学生理解和掌握抽象的数学概念；利用在线题库和智能评估系统为学生提供个性化的练习和反馈；利用在线讨论区和协作工具促进学生的协作学习和交流等。通过资源的融合与重构，实现传统教学与在线资源的有机结合，提高教学效果和效率。

3. 技术支持与平台搭建

技术支持与平台搭建是整合的重要保障。教师应熟悉和掌握相关的信息技术工具和平台，如多媒体制作工具、在线学习平台、协作工具等，以便能够灵活地运用这些工具和平台对在线资源进行整合和管理。同时，学校和教育部门也应加大技术基础设施的投入和建设，为在线资源的整合提供良好的环境支持。

（三）在线资源整合的实践意义

在线资源的整合对小学数学教学具有重要的实践意义。首先，它能够丰富教学内容和形式，提高学生的学习兴趣和参与度。通过引入多样化的在线资源，教师可以使数学教学更加生动、有趣和直观，从而激发学生的学习兴趣和好奇心。同时，在线资源的互动性和协作性也能够促进学生的积极参与和合作交流，提高学习效果和效率。

其次，它能够促进教学模式的创新和改革。传统的数学教学模式以教师讲授和学生练习为主，缺乏对学生主体地位和认知特点的关注。而在线资源的整合则以学生为中心，关注学生的学习需求和认知特点，通过提供丰富的学习资源和多样化的学习方式，促进学生的自主学习和协作学习。这种教学模式的创新和改革有助于培养学生的创新能力和实践能力，提高他们的综合素质和竞争力。

最后，它能够推动教育资源的均衡发展和共享。在线资源的整合打破了地域和时间的限制，使得优质的教育资源能够跨越时空的界限进行传播和共享，这对缩小教育差距、促进教育公平具有重要的意义。同时，通过整合在线资源，教师还可以将优秀的教学经验和成果进行推广和应用，推动教育质量的整体提升。

三、利用在线资源提升教学效果的策略

在信息化时代背景下，如何有效利用在线资源提升小学数学的教学效果，已成为教育领域关注的热点问题。以下将从策略的角度出发，探讨如何充分利用在线资源，优化小学数学教学，进而提升教学效果。

（一）策略制定的理论基础

在制定利用在线资源提升教学效果的策略时，需要依据一定的教育理论和教学原则。首先，现代教育心理学强调学生的主体性和主动性，认为学生是学习的主体，教师应激发学生的学习兴趣和动力，促进学生的自主

学习。因此，在制定策略时，应充分考虑学生的学习需求和兴趣，选择适合学生的在线资源，并设计能够激发学生主动性的教学活动。

其次，教育技术学为在线资源的利用提供了技术支持和理论指导。教育技术学关注如何运用技术手段优化教学过程，提高教学效果。在制定策略时，应充分利用教育技术学的理论和方法，如多媒体教学设计、网络学习环境设计等，为在线资源的利用提供有效的技术支持。

（二）具体策略分析

1. 精选优质在线资源

（1）资源评估：面对海量的在线资源，首先要进行筛选和评估。教师应根据教学目标、学生特点和教学内容，选择具有针对性、科学性和趣味性的在线资源。同时，要注重资源的权威性和可靠性，避免使用来源不明或质量不高的资源。

（2）资源整合：将筛选出的优质资源进行整合，形成适合小学数学教学的资源库。资源库应包含多种类型的资源，如教学视频、动画、课件、习题等，以满足不同学生的学习需求。同时，要注重资源的更新和维护，保持资源库的时效性和可用性。

2. 设计在线教学活动

（1）活动设计原则：在线教学活动的设计应遵循以学生为中心的原则，注重学生的参与和体验。活动应具有趣味性和挑战性，能够激发学生的学习兴趣和动力。同时，要注重活动的实践性和操作性，让学生在实践中学习和掌握知识。

（2）活动类型：在线教学活动可以包括在线讨论、协作学习、项目研究等多种形式。例如，教师可以利用在线讨论引导学生就某个数学问题进行讨论和交流；利用协作工具组织学生进行小组协作学习；利用项目研究的方式让学生自主探究和解决数学问题。这些活动形式能够培养学生的合作精神和创新能力，提高学习效果。

3. 构建在线学习环境

（1）环境特点：在线学习环境应具有开放性、互动性和个性化的特点。开放性意味着学生可以随时随地进行学习；互动性意味着学生可以与教师、同学进行实时交流和互动；个性化意味着学习环境能够根据学生的个体差异和学习需求进行自适应调整。

(2) 环境构建：构建在线学习环境需要借助教育技术工具的支持。教师可以利用在线学习平台为学生提供丰富的学习资源和工具；利用智能评估系统对学生的学习效果进行实时跟踪和评估；利用数据分析工具对学生的学习行为进行分析和挖掘，以优化教学策略。同时，要注重学习环境的易用性和友好性，降低学生的学习难度和成本。

（三）策略实施与效果评估

1. 策略实施

在策略实施过程中，教师应注重以下几点：首先，要充分了解学生的学习需求和特点，根据学生的实际情况制定个性化的教学策略；其次，要注重与学生的沟通和交流，及时解决学生在学习过程中遇到的问题和困难；最后，要注重教学策略的灵活性和适应性，根据学生的学习反馈和教学效果对策略进行调整和优化。

2. 效果评估

效果评估是检验教学策略是否有效的重要环节。教师可以通过多种方式对教学效果进行评估，如学生作业的完成情况、考试成绩、学习参与度等。同时，也可以利用在线学习平台提供的数据分析工具对学生的学习行为进行分析和挖掘，以更全面地了解学生的学习情况和教学效果。通过评估结果的分析和反思，教师可以进一步优化教学策略和方法，提高教学效果和质量。

综上所述，利用在线资源提升小学数学教学效果的策略需要依据一定的教育理论和教学原则进行制定和实施。通过精选优质在线资源、设计在线教学活动和构建在线学习环境等具体策略的实施，可以有效提升小学数学的教学效果和质量。同时，要注重策略实施与效果评估的有机结合，不断优化教学策略和方法，为小学数学教学的发展和创新提供有力支持。

第四章　有效的教学方法与策略

第一节　互动式教学策略

在教学过程中，教学方法与策略的选择和实施对提高教学效果具有至关重要的作用。在众多教学方法中，互动式教学策略以其独特的教学理念和实践方式，逐渐受到教育工作者的广泛关注。

一、互动式教学的理论与实践

互动式教学策略强调在教学过程中，教师和学生之间、学生与学生之间的双向交流和互动，以激发学生的学习主动性和创造力，提高教学效果。本节将从理论与实践两个方面，对互动式教学进行深入探讨。

（一）互动式教学的理论基础

互动式教学策略的理论基础主要源于建构主义学习理论、合作学习理论以及人本主义教育理论。

首先，建构主义学习理论强调学习者在知识建构过程中的主体地位，认为学习是学习者通过与环境、他人的互动，主动建构知识的过程。互动式教学策略正是基于这一理论，通过设计各种互动环节，让学生在参与和体验中完成知识的建构。

其次，合作学习理论强调学生之间的合作与交流对学习的重要性。互动式教学策略鼓励学生之间的协作学习，通过小组讨论、角色扮演等方式，让学生在互动中相互学习、共同进步。

再次，人本主义教育理论关注学习者的情感需求和个性发展，认为教育应以学生为中心，关注学生的全面发展。互动式教学策略在实施过程中，注重营造轻松、愉悦的学习氛围，关注学生的情感体验和个性发展，从而激发学生的学习兴趣和创造力。

（二）互动式教学的实践探索

在实践中，互动式教学策略具有多种实现形式，如问题导向式教学、小组讨论式教学、角色扮演式教学等。

首先，问题导向式教学以问题为核心，通过教师提问、学生探究、师生互动等方式，引导学生主动思考、解决问题。这种教学方式能够培养学生的思维能力和创新能力，提高学生的自主学习能力。

其次，小组讨论式教学将学生分成若干小组，围绕某个主题或问题进行讨论和交流。在小组讨论中，学生可以充分发表自己的观点和看法，倾听他人的意见，学会合作与交流。这种教学方式能够培养学生的沟通能力和团队协作精神。

再次，角色扮演式教学让学生通过扮演不同的角色，模拟真实场景中的情境和问题。在角色扮演中，学生可以亲身体验和感受不同的角色和情境，从而更好地理解和掌握知识。这种教学方式能够增强学生的实践能力和解决问题的能力。

（三）互动式教学策略的优势与挑战

互动式教学策略在提高教学效果方面具有显著优势。首先，互动式教学能够激发学生的学习兴趣和主动性，使学生更加积极地参与到学习过程中来。其次，互动式教学能够促进学生之间的合作与交流，培养学生的团队协作精神和沟通能力。最后，互动式教学能够提高学生的实践能力和解决问题的能力，使学生更好地适应未来社会的需求。

然而，互动式教学策略在实施过程中也面临一些挑战。首先，教师需要具备较高的教学能力和专业素养，能够设计出富有启发性和趣味性的互动环节。其次，学生需要具备一定的自主学习能力和合作精神，能够积极参与到互动过程中来。最后，学校需要提供良好的教学环境和资源支持，为互动式教学的实施提供有力保障。

（四）互动式教学策略的改进与创新

为了充分发挥互动式教学策略的优势并应对其挑战，需要进行不断的改进与创新。首先，可以进一步探索多元化的互动形式和内容，如引入在线互动工具、开展跨学科互动等。其次，可以加强对教师的培训和支持，提高教师的教学能力和专业素养。最后，可以建立科学的评估机制，对互动式教学的实施效果进行定期评估和总结，以便及时调整和改进教学策略。

总之，互动式教学策略作为一种有效的教学方法与策略，在提高教学效果方面具有重要作用。通过深入的理论探讨和实践探索，可以不断完善和创新互动式教学策略，为小学数学教学的发展和创新提供有力支持。

二、互动式教学在小学数学中的应用

在小学数学教学中，互动式教学策略的应用不仅能够激发学生的学习兴趣，还能有效提升学生的数学素养和问题解决能力。以下将从理论基础、应用策略以及案例分析三个方面，深入探讨互动式教学在小学数学中的应用。

（一）理论基础

互动式教学在小学数学中的应用，其理论基础主要包括认知发展理论、建构主义学习理论和多元智能理论。

1. 认知发展理论

根据皮亚杰的认知发展理论，小学生的认知结构正处于不断发展和完善的阶段。在这一阶段，学生通过与环境的互动来构建自己的知识体系。因此，在小学数学教学中，教师应通过设计各种互动环节，引导学生积极参与数学活动，促进他们的认知发展。

2. 建构主义学习理论

建构主义学习理论强调学生在知识建构过程中的主体地位。在小学数学教学中，教师应打破传统的“灌输式”教学方式，通过创设问题情境、组织小组讨论等方式，激发学生的求知欲和探究欲，让学生在互动中自主建构数学知识体系。

3. 多元智能理论

多元智能理论提出人类智能的多样性和复杂性。在小学数学教学中，教师应关注学生的个体差异，尊重每个学生的智能特点和兴趣爱好，设计多样化的互动教学活动，以满足不同学生的学习需求和发展潜能。

（二）应用策略

在小学数学教学中，互动式教学的应用策略主要包括以下几个方面。

1. 创设问题情境

教师可以通过创设与现实生活紧密相关的问题情境，引导学生发现数学问题，并尝试用数学知识解决问题。这种问题情境的创设，能够激发学生的好奇心和探究欲，使他们在解决问题的过程中感受到数学的魅力和价值。

2. 组织小组讨论

教师可以根据学生的兴趣和知识水平，将学生分成若干小组，并围绕某个数学问题或任务展开讨论。在小组讨论中，学生可以自由发表自己的观点和想法，倾听他人的意见，学会合作与交流。这种小组讨论的方式，不仅能够提高学生的参与度和学习效果，还能培养学生的团队协作精神和沟通能力。

3. 利用信息技术

随着信息技术的不断发展，教师可以利用多媒体、网络等信息技术手段，为学生呈现丰富多彩的数学教学内容和形式。例如，教师可以通过制作动画、视频等多媒体教学资源，让学生更加直观地理解数学概念和原理；同时，教师还可以利用网络平台开展在线互动教学活动，让学生随时随地参与数学学习。

（三）案例分析

以下是一个互动式教学在小学数学中的应用案例。

案例名称：“生活中的数学”互动式教学案例

教学目标：通过本案例的教学，让学生理解数学在现实生活中的应用，提高学生的数学应用能力和问题解决能力。

教学过程：

1. 导入新课：教师首先展示一些与现实生活紧密相关的数学问题或现象，如购物中的折扣计算、家庭用电的电费计算等。这些问题或现象能够激发学生的学习兴趣和探究欲，为后续的教学活动做好铺垫。

2. 创设情境：教师根据教学目标和内容，创设一个与现实生活相关的数学情境。例如，教师可以设计一个模拟购物的场景，让学生扮演顾客和售货员的角色，进行价格计算和折扣计算等数学活动。这种情境的创设能够让学生更加直观地理解数学在现实生活中的应用。

3. 小组合作：教师将学生分成若干小组，并给每个小组分配一个与情境相关的数学问题或任务。在小组合作中，学生需要共同讨论、探究和解决问题。教师可以根据学生的实际情况进行适当的指导和帮助。

4. 成果展示：每个小组将自己的解题过程和结果进行展示和汇报。其他小组可以对展示的内容进行评价和提问。这种成果展示的方式能够让学生更加深入地理解数学知识和应用方法，并提高他们的表达能力和自信心。

5. 总结反思：教师对本节课的教学内容和学生的学习情况进行总结和评价。同时，教师还可以引导学生对自己的学习过程和成果进行反思和总结，以便更好地改进自己的学习方法和提高学习效果。

教学效果：通过本案例的教学，学生不仅掌握了相关的数学知识和技能，还学会了如何运用数学知识解决现实生活中的问题。同时，学生在小组合作和成果展示中提高了团队协作精神和沟通能力，以及表达能力和自信心。这种互动式教学的应用方式在小学数学教学中具有重要的实践意义和推广价值。

三、互动式教学对学生学习成效的影响

在现代教育背景下，互动式教学作为一种新型的教学模式，已经得到了广泛的应用。它不仅改变了传统的教学方式，也对学生的学习成效产生了深远的影响。以下将从认知层面、情感层面和实践层面三个方面，深入探讨互动式教学对学生学习成效的影响。

（一）认知层面：深化理解，提升思维能力

1. 知识理解与掌握

互动式教学通过引入多样化的教学活动和情境，使学生能够在具体的实践中感知和体验知识，从而加深对知识点的理解和记忆。与传统的教学方式相比，这种教学方式更能激发学生的学习兴趣和主动性，使学生在轻松愉悦的氛围中掌握知识，提高学习效果。

2. 思维能力培养

在互动式教学中，学生需要积极参与课堂讨论和小组合作等活动，通过思考和交流来解决问题。这种过程不仅锻炼了学生的逻辑思维能力，还培养了学生的批判性思维和创新性思维。学生能够在互动中发现问题、分析问题、解决问题，从而提高自己的思维能力和解决问题的能力。

（二）情感层面：增强兴趣，提升自信心

1. 学习兴趣的激发

互动式教学注重学生的参与和体验，使学生在轻松愉悦的氛围中感受到学习的乐趣。通过多样化的教学活动和情境，学生能够在实践中感知和体验知识，从而激发对学习的兴趣和热情。这种教学方式能够让学生更加主动地参与学习，提高学习效果。

2. 自信心的提升

在互动式教学中，学生需要积极参与课堂讨论和小组合作等活动，通过展示自己的知识和能力来获得他人的认可。这种过程能够增强学生的自信心和自尊心，使学生在学习中更加自信地表达自己的观点和想法。同时，学生还能够通过与他人交流和合作来发现自己的不足和优势，从而更好地调整自己的学习方法和策略。

（三）实践层面：提高能力，培养综合素质

1. 实践能力的提升

互动式教学注重学生的实践操作和应用能力的培养。学生在实践中能够获得感知和体验，从而提高自己的实践能力和应用能力。这种教学方式能够让学生更好地将所学知识应用于实际生活中，提高自己的生活能力和综合素质。

2. 综合素质的培养

在互动式教学中，学生需要积极参与课堂讨论和小组合作等活动，通过交流和合作来解决问题。这种过程能够培养学生的团队协作精神和沟通能力，使学生在与他人交往中更加自信、得体。同时，学生还能够通过参与各种活动来培养自己的领导力、创新力和解决问题的能力等综合素质，为未来的学习和生活打下坚实的基础。

第二节　创意性数学教学方法

随着教育改革的深入和数学教育理念的更新，创意性数学教学方法逐渐成为教育领域关注的焦点。创意性数学教学方法不仅注重知识的传授，更强调学生创新思维的培养和数学素养的提升。本节将深入探讨创意性数学教学方法的内涵、特点及其在教学实践中的应用。

一、创意性数学教学方法的内涵与特点

创意性数学教学方法是一种以培养学生创新思维为核心，通过多样化的教学活动和情境，引导学生主动探究、发现和解决问题的数学教学方法。其内涵主要体现在以下几个方面。

（一）强调学生主体地位

创意性数学教学方法打破了传统以教师为中心的教学模式，强调学生的主体地位和主动性。在教学过程中，教师不再是知识的灌输者，而是学生学习的引导者和合作者。学生需要积极参与课堂活动，通过自主思考、小组合作等方式，主动探究和解决问题。这种教学方式能够激发学生的学习兴趣和主动性，提高学生的学习效果。

（二）注重创新思维培养

创意性数学教学方法将创新思维的培养作为教学的核心目标之一。在教学过程中，教师会通过设计富有挑战性的数学问题和情境，引导学生从不同角度思考问题，培养学生的逻辑性思维、批判性思维和创造性思维。同时，教师还会鼓励学生敢于尝试、勇于探索，激发学生的创新精神和创新能力。

（三）多样化教学活动与情境

创意性数学教学方法注重教学活动的多样性和情境的丰富性。在教学过程中，教师会结合学生的兴趣和知识水平，设计多种形式的数学活动和情境，如数学游戏、数学实验、数学竞赛等。这些活动和情境能够让学生

在轻松愉悦的氛围中感知和体验数学，激发学生的学习兴趣和好奇心。同时，多样化的教学活动和情境还能够培养学生的动手能力和实践能力，提高学生的综合素质。

（四）评价与反馈机制

创意性数学教学方法强调评价与反馈机制的重要性。在教学过程中，教师会密切关注学生的学习过程和表现，及时给予评价和反馈。这种评价与反馈不仅关注学生的学习成果，更关注学生的学习过程和学习方法。通过评价与反馈，教师能够及时了解学生的学习情况，发现学生的问题和不足，并为学生提供有针对性的指导和帮助。同时，评价与反馈还能够激发学生的学习兴趣和自信心，促进学生的持续发展。

在创意性数学教学方法的实践中，我们可以看到其独特的教学特点和优势。首先，创意性数学教学方法注重学生的参与和体验，让学生在轻松愉悦的氛围中感知和体验数学，从而激发学生的学习兴趣和主动性。其次，创意性数学教学方法强调创新思维的培养，通过设计富有挑战性的数学问题和情境，引导学生从不同角度思考问题，培养学生的逻辑性思维、批判性思维和创造性思维。这种教学方式能够提高学生的创新能力和解决问题的能力。此外，创意性数学教学方法还注重教学活动的多样性和情境的丰富性，能够让学生在多样化的活动中感知和体验数学，提高学生的动手能力和实践能力。最后，创意性数学教学方法强调评价与反馈机制的重要性，能够及时给予学生评价和反馈，激发学生的学习兴趣和自信心，促进学生的持续发展。

然而，创意性数学教学方法在实践中也面临一些挑战和问题。例如，如何设计富有挑战性的数学问题和情境以激发学生的创新思维？如何确保学生在参与活动的过程中真正获得数学知识和技能？如何有效地评价学生的学习过程和成果？这些问题需要我们进一步思考和探索。

二、创意性教学方法在小学数学中的应用

在小学数学教学中，创意性教学方法的应用不仅能够激发学生的学习兴趣，提高学习效果，还能够培养学生的创新思维和数学素养。以下将深入探讨创意性教学方法在小学数学教学中的具体应用及其效果。

（一）基于游戏的创意性教学方法

1. 数学游戏的设计与实施

在小学数学教学中，数学游戏是一种有效的创意性教学方法。教师可以通过设计富有趣味性和挑战性的数学游戏，让学生在游戏中学习和掌握数学知识。这些游戏可以涵盖数学的各个领域，如数的认识、数的运算、几何图形等。在设计游戏时，教师需要充分考虑学生的年龄特点和认知水平，确保游戏难度适中、易于理解。

在游戏实施过程中，教师需要引导学生积极参与，鼓励学生在游戏中探索和发现数学规律。同时，教师还需要关注学生在游戏中的表现，及时调整游戏难度和规则，以确保游戏的趣味性和教育性。

2. 游戏教学的效果分析

通过数学游戏的应用，学生的学习兴趣和主动性得到了显著提高。学生能够在游戏中体验到数学的乐趣和魅力，从而更加积极地参与数学学习。此外，游戏教学还能够帮助学生巩固和加深对数学知识的理解，提高学生的数学素养和解题能力。

然而，游戏教学也存在一些挑战和限制。例如，游戏设计需要耗费大量的时间和精力，而且不同学生对游戏的喜好和接受程度也不同。因此，在实施游戏教学时，教师需要充分考虑学生的实际情况和需求，选择合适的游戏内容和形式，以确保游戏教学的有效性和可行性。

（二）基于实践的创意性教学方法

除了数学游戏外，数学实践活动也是小学数学中创意性教学法的重要形式之一。教师可以通过设计各种实践活动，如数学实验、数学调查、数学制作等，让学生在实践中学习和掌握数学知识。这些活动可以帮助学生将抽象的数学知识与现实生活相结合，从而更好地理解和应用数学知识。

在实践活动的实施过程中，教师需要提供必要的指导和支持，确保学生能够顺利完成任务并取得预期的学习效果。同时，教师还需要关注学生在实践中的表现和反馈，及时给予指导和帮助，以促进学生的持续发展和进步。

（三）创意性教学方法在小学数学教学中的意义

创意性教学方法在小学数学教学中具有重要的意义。首先，它能够激发学生的学习兴趣和主动性，提高学生的学习效果和学习质量。其次，创意性教学方法注重培养学生的创新思维和数学素养，为学生未来的学习和发展打下坚实的基础。最后，创意性教学方法还能够促进师生之间的互动和交流，增强师生之间的信任和尊重。

然而，创意性教学方法的实施也需要教师具备一定的专业素养和教学能力。教师需要不断更新教育观念和教学理念，掌握先进的教学方法和技能，并注重自身的教学实践和研究。只有这样，才能更好地发挥创意性教学方法的优势和作用，提高小学数学教学的质量和效果。

三、创意性教学对学生创新能力的影响

在当今日益强调创新和创造力的社会背景下，教育领域对于如何培养学生的创新能力给予了高度关注。创意性教学作为一种注重培养学生创新思维和创新能力的教学方法，在小学数学教学和学生创新能力培养方面具有重要意义。以下将深入探讨创意性教学对学生创新能力的影响及其作用机制。

（一）创新能力的内涵与结构

在讨论创意性教学对学生创新能力的影响之前，首先需要对创新能力的内涵与结构进行界定。创新能力是指个体在解决问题、创造新事物或提出新观点时所表现出的独特能力和素质，包括创新思维、创新技能和创新情感等方面。创新思维是创新能力的核心，它涉及对问题的敏感性，思维的灵活性、独特性和深刻性等方面；创新技能则是将创新思维转化为实际成果的能力，包括动手实践能力、团队协作能力、沟通能力等；创新情感则是指个体在创新过程中表现出的积极情感态度和价值观，如自信、勇气、毅力等。

（二）创意性教学对创新思维的影响

1. 激发学生创新思维的积极性

创意性教学注重学生的主体性和主动性，通过设计多样化的教学活动和情境，激发学生的学习兴趣和好奇心。这种教学方式能够让学生更加积极地参与数学学习，从而更加愿意尝试新的思路和方法，激发创新思维的积极性。

2. 培养学生创新思维的灵活性

创意性教学强调从多个角度思考问题，通过设计富有挑战性的数学问题和情境，引导学生从不同角度思考问题，寻找多种解决方案。这种教学方式能够帮助学生打破思维定势，培养创新思维的灵活性。

3. 提升学生创新思维的深刻性

创意性教学注重知识的深度和广度，通过设计综合性、跨学科的教学活动，引导学生深入挖掘数学知识的内在联系和规律。这种教学方式能够帮助学生深入理解数学知识的本质，提升创新思维的深刻性。

（三）创意性教学对创新技能的影响

1. 培养学生的动手实践能力

创意性教学注重学生的实践能力和操作能力，通过设计数学实验、制作等活动，让学生亲身体验数学知识的应用和价值。这种教学方式能够提高学生的实践能力和解决问题的能力。

2. 提升学生的团队协作能力

创意性教学强调团队合作和交流沟通的重要性，通过设计小组合作、团队协作等活动，让学生在合作中完成任务并分享成果。这种教学方式能够帮助学生提升团队协作能力，学会与他人合作、分享和交流。

3. 增强学生的沟通能力

创意性教学鼓励学生表达自己的观点和想法，通过讨论、辩论等活动，让学生有机会展示自己的成果和收获。这种教学方式能够增强学生的沟通能力，帮助学生更好地与他人交流和表达自己的思想。

（四）创意性教学对创新情感的影响

1. 增强学生的自信心

创意性教学注重学生的成功体验和成就感，通过设计多样化的教学活动和情境，让学生有机会展示自己的才华和成果。这种教学方式能够增强学生的自信心，让学生更加相信自己能够创造出新的成果和价值。

2. 激发学生的勇气

创意性教学鼓励学生尝试新的思路和方法，勇于面对挑战和困难。这种教学方式能够激发学生的勇气，让学生更加勇敢地面对未知和困难，追求更高的目标和成就。

3. 培养学生的毅力

创意性教学强调坚持和毅力的重要性，通过设计具有挑战性的数学问题和情境，让学生经历挫折和失败并从中吸取经验教训。这种教学方式能够培养学生的毅力，让学生学会坚持不懈地追求自己的目标和梦想。

综上所述，创意性教学对学生创新能力的影响是全面而深远的。它不仅能够激发学生的创新思维和积极性，还能够培养学生的创新技能和创新情感。在小学数学教学中应用创意性教学方法，不仅能够提高学生的学习效果和学习质量，还能够为学生的未来发展和创新能力的提升奠定坚实的基础。

第三节 小组合作学习在数学教学中的应用

在数学教学中，小组合作学习尤为重要，它不仅有助于学生深入理解数学概念，还能通过合作实践培养学生的团队协作能力和问题解决能力。

一、小组合作学习的基本原理

小组合作学习，作为一种教学策略，其基本原理在于通过小组内成员间的相互合作与交流，共同解决问题，达到学习目标。

（一）合作学习的理论基础

小组合作学习的理论基础主要源于社会心理学、教育心理学和认知科学等领域。社会心理学认为，人在社会环境中学习和发展，合作与交流是社会行为的重要组成部分。教育心理学则强调学习过程中的互动性和合作性，认为合作学习能够促进学生的积极参与和深度学习。认知科学则揭示了知识建构的过程，指出学生在合作中能够共享知识、互相启发，从而构建更为丰富的知识体系。

在数学教学中，小组合作学习的理论基础体现为：学生通过小组内的互动与交流，共同探索数学问题，分享解题思路和方法，从而在合作中加深对数学知识的理解与掌握。同时，合作学习还能够培养学生的数学思维能力和问题解决能力，提高学生的数学素养。

（二）小组合作学习的实施策略

小组合作学习的实施策略包括组建小组、明确任务、分工合作、交流讨论和成果展示等步骤。在组建小组时，教师应根据学生的性格特点、学习能力和兴趣爱好等情况进行合理搭配，确保每个小组内成员间的互补性和协调性。明确任务时，教师应根据教学目标和教学内容设计具有挑战性和实践性的数学问题，让学生在合作中共同解决。分工合作时，教师应引导学生根据各自的优势和特长进行合理分工，确保每个成员都能发挥自己的作用。交流讨论时，教师应鼓励学生积极表达自己的观点和想法，尊重他人的意见和建议，通过讨论达成共识。成果展示时，教师应让每个小组都有机会展示自己的成果和收获，增强学生的自信心和成就感。

（三）小组合作学习的优势分析

小组合作学习在数学教学中具有诸多优势。首先，它能够激发学生的学习兴趣和主动性。在合作学习中，学生不再是被动接受知识的对象，而是成为主动探索问题的主体。他们通过合作与交流，共同解决问题，体验到数学学习的乐趣和价值。其次，小组合作学习能够培养学生的团队协作能力和问题解决能力。在合作中，学生需要相互协作、共同努力才能完成任务。这种合作过程能够培养学生的团队协作精神、沟通能力和解决问题的能力。此外，小组合作学习还能够促进学生的个性化发展。在小组内，学生可以根据自己的特长和兴趣选择适合自己的任务进行探究和学习，从而发挥自己的优势并实现个性化发展。

然而，小组合作学习也存在一些挑战和限制。例如，如何确保每个学生都能积极参与合作？如何平衡小组内成员间的差异？如何设计具有挑战性和实践性的数学问题？这些挑战需要教师在实施小组合作学习时充分考虑并采取相应的措施加以解决。

二、小组合作在小学数学教学中的活动设计

在小学数学教学中，小组合作学习的实施需要精心设计的活动作为支撑。活动设计不仅要符合数学学科的特性，还要考虑学生的年龄特点和认知水平，以确保学生能够在合作中有效学习，提升数学素养。

（一）活动设计的原则

在设计小组合作学习活动时，应遵循以下原则。

一是目的性原则：活动设计应紧密围绕教学目标展开，确保学生能够通过参与活动达到预定的学习目标。

二是趣味性原则：活动应具有一定的趣味性，以吸引学生的注意力，激发学生的学习兴趣。

三是挑战性原则：活动应具有一定的挑战性，能够激发学生的求知欲和探索欲，促进学生的思维发展。

四是实践性原则：活动应具有一定的实践性，让学生能够通过实际操作和体验来理解和掌握知识。

五是合作性原则：活动应强调学生之间的合作与交流，促进学生之间的互助与分享。

（二）活动设计的策略

在设计小组合作学习活动时，可以采用以下策略。

1. 基于问题解决的活动设计

教师可以根据教学内容设计具有实际意义的数学问题，让学生在小组内共同解决问题。通过问题的提出和解决，引导学生运用所学知识进行思考和探索，培养学生的问题解决能力。

2. 基于项目学习的活动设计

教师可以引导学生围绕一个具体的数学项目展开学习，如制作数学模型、设计数学游戏等。在项目学习过程中，学生需要分工合作、共同完成任务，从而培养学生的团队协作能力和实践能力。

3. 基于数学游戏的活动设计

数学游戏能够让学生在轻松愉快的氛围中学习数学知识。教师可以设计一些富有趣味性和挑战性的数学游戏，让学生在小组内进行比赛或合作，以激发学生的学习兴趣和主动性。

4. 基于数学实验的活动设计

数学实验能够帮助学生直观地理解数学知识。教师可以设计一些数学实验活动，让学生在小组内进行操作和观察，通过实践来探索数学规律，加深对数学知识的理解。

（三）活动设计的案例分析

以下是一个基于问题解决的小组合作学习活动设计案例。

案例名称：分数比较小组探究

教学目标：通过小组合作探究的方式，让学生掌握分数比较的方法，并能够解决实际问题。

活动设计：

1. 问题提出：教师向学生展示两个分数，并询问哪个分数更大。例如，比较 1/2 和 2/3 的大小。

2. 小组合作：学生分成若干小组，每组 4—5 人。每个小组选择一个组长，负责协调和组织组内成员的活动。

3. 自主探究：在组长的带领下，学生利用所学知识自主探究分数比较的方法。可以通过画图、举例、计算等方式进行比较。

4. 交流讨论：学生在小组内交流自己的探究过程和结果，并讨论各种方法的优缺点。通过讨论，学生逐渐形成共识并确定最佳的比较方法。

5. 成果展示：每个小组选派一名代表向全班展示自己组的探究成果和比较方法。其他小组可以提问或补充意见。

6. 教师点评：教师对学生的探究过程和成果进行点评和总结，强调分数比较的重要性和方法的选择。同时，教师可以针对学生在探究过程中出现的问题进行解答和指导。

通过这个案例可以看出，基于问题解决的小组合作学习活动设计能够让学生在合作中自主探究、交流讨论并解决问题。这种活动设计能够激发学生的学习兴趣和主动性，培养学生的问题解决能力和团队协作能力。同时，通过教师的点评和指导，学生能够更加深入地理解数学知识并掌握相关技能。

（四）活动设计的优化建议

为了进一步提高小组合作学习的效果，以下是一些活动设计的优化建议。

1. 注重活动的层次性和递进性

在设计活动时，应考虑学生的认知水平和发展阶段，从简单到复杂、从具体到抽象逐步推进活动的设计。

2. 增加活动的多样性和灵活性

根据学生的兴趣和特点设计多样化的活动形式和内容，以满足不同学生的需求。同时，教师应根据学生的反馈和实际情况灵活调整活动设计。

3. 强化活动的实践性和操作性

通过实践操作和体验让学生更加深入地理解数学知识并掌握相关技能。教师可以设计一些具有实践性的活动如数学实验、数学游戏等。

4. 注重活动的评价和反馈

在活动结束后及时进行评价和反馈以帮助学生了解自己的学习情况和进步空间。教师可以采用自我评价、小组评价和教师评价相结合的方式进行评价。

三、小组合作学习对学生社交能力的影响

小组合作学习作为一种教学模式，对学生社交能力的影响不容忽视。在数学教学中，小组合作学习的实施不仅有助于提升学生的数学素养，还能有效促进学生社交能力的发展。以下将从两个方面，深入分析小组合作学习对学生社交能力的影响。

（一）理论探讨：小组合作学习与社交能力的关系

小组合作学习强调学生之间的合作与交流，这种学习方式为学生提供了更多的社交机会。在合作过程中，学生需要倾听他人的意见、表达自己的想法、协调小组内的分工和合作等，这些活动都需要学生具备一定的社交能力。因此，小组合作学习能够促进学生社交能力的发展。

1. 小组合作学习能够培养学生的沟通能力

在合作中，学生需要与他人进行有效的沟通，以确保小组内成员能够理解彼此的想法和需求。这种沟通能力的培养不仅有助于学生更好地与他人交流，还能提高学生在日常生活中的社交技巧。

2. 小组合作学习能够提升学生的团队协作能力

在小组内，学生需要相互协作、共同努力以完成任务。这种协作过程能够培养学生的团队协作精神、分工合作能力和责任感，从而提高学生的团队协作能力。

3. 小组合作学习还能够增强学生的自信心和自尊心

在合作中，学生能够通过展示自己的才能和贡献来获得他人的认可和尊重，从而增强自信心和自尊心。这种自信心的提升有助于学生更好地与他人交流，并积极参与社交活动。

（二）影响机制分析：小组合作学习如何促进学生社交能力的发展

小组合作学习之所以能够促进学生社交能力的发展，主要得益于以下几个方面的机制。

1. 互动机制

在小组合作中，学生之间需要进行频繁的互动和交流。这种互动不仅能够促进学生对数学知识的理解和掌握，还能够培养学生的沟通能力和团队协作能力。

2. 分工合作机制

在小组合作中，学生需要分工合作以完成任务。这种分工合作能够培养学生的团队协作精神、分工合作能力和责任感。同时，学生在合作中还能够体验到团队的力量和成功的喜悦，从而更加积极地参与社交活动。

3. 展示机制

在小组合作中，学生需要展示自己的才能和贡献。这种展示不仅能够增强学生的自信心和自尊心，还能够提高学生的表达能力和自我认知能力。这些能力的提升都有助于学生更好地与他人交流并积极参与社交活动。

（三）实践建议：如何在数学教学中有效实施小组合作学习以促进学生社交能力的发展

为了在数学教学中有效实施小组合作学习以促进学生社交能力的发展，以下是一些实践建议。

1. 合理分组

教师应根据学生的性格特点、学习能力和兴趣爱好等因素进行合理分组，确保每个小组内成员之间的互补性和协调性。

2. 明确任务

教师应根据教学内容和教学目标设计具有挑战性和实践性的数学问题并将其作为小组任务。同时，教师应确保每个学生都能够明确自己的任务和责任。

3. 适时引导

在小组合作过程中，教师应适时给予引导和支持。教师可以通过观察、提问和反馈等方式了解学生的合作情况和进展，并及时给予指导和建议。

4. 多元评价

在评价小组合作成果时，教师应采用多元评价的方式。除了评价小组整体的表现外，还应关注每个学生的参与情况和贡献程度。同时，教师还应鼓励学生之间的互评和自评以促进学生的反思和改进。

第五章　丰富的教学资源与实践

教学资源是教学过程中的重要支撑，其多样性和质量直接影响教学效果。随着信息技术的快速发展和教育理念的更新，教学资源的种类和形式也日益丰富。在这一章中，我们将深入探讨教学资源的多样性与选择，以及如何在实际教学中有效利用这些资源。

第一节　教学资源的多样性与选择

教学资源是教学活动得以顺利开展的基础和保障。随着教育技术的不断进步和教育理念的更新，教学资源的种类和形式日益丰富，为教学活动提供了更多的可能性和选择。在这一节中，我们将对教学资源的分类与特点进行深入分析。

一、教学资源的分类与特点

教学资源可以按照不同的维度进行分类，每种资源都具有独特的特点和优势。以下将从资源形态、来源和用途三个方面对教学资源的类别与特点进行详细阐述。

（一）按资源形态分类

1. 实物资源

实物资源是指可以直接用于教学活动的物理实体，如教科书、教学用具、实验器材等。这些资源具有直观性、真实性和可操作性的特点，能够为学生提供直观的学习体验和实践机会。

2. 数字资源

数字资源是以数字形式存储和传播的教学资源，如电子教材、教学软件、在线课程等。这些资源具有信息量大、更新迅速、交互性强等特点，能够满足学生个性化学习的需求。

3. 人力资源

人力资源是指在教学过程中参与教学活动的教师和学生。他们不仅是知识的传播者和接受者，更是教学活动的主体和参与者。人力资源的丰富性和多样性为教学活动提供了无限的创意和可能。

（二）按资源来源分类

1. 校内资源

校内资源是指学校内部拥有的教学资源，如图书馆、实验室、教学设备等。这些资源是学校教学活动的基础和保障，具有稳定性和可靠性的特点。

2. 校外资源

校外资源是指学校外部可利用的教学资源，如社区资源、企业资源、网络资源等。这些资源具有丰富性和多样性的特点，能够为学校教学活动提供有益的补充和支持。

（三）按资源用途分类

1. 教学内容资源

教学内容资源是指直接用于呈现教学内容的资源，如教材、教案、课件等。这些资源是教学活动的核心和基础，直接影响教学效果的优劣。

2. 教学方法资源

教学方法资源是指用于辅助和支持教学方法实施的资源，如教学软件、教学平台、教学工具等。这些资源能够为教师提供多样化的教学手段和方法，提高教学效果的多样性和灵活性。

3. 教学评价资源

教学评价资源是指用于评估学生学习成果和教学质量的资源，如试题库、评价软件、评价标准等。这些资源能够为教师提供科学、客观的评价依据，促进教学质量的提升。

二、教学资源选择的原则与方法

在教学实践中，教学资源的选择并非随意而为，而是需要遵循一定的原则，并采用科学的方法。这些原则和方法能够确保教学资源的有效利用，进而提升教学质量。

（一）教学资源选择的原则

教学资源选择的原则是指导教学实践的重要准则，它们反映了教学资源选择的本质要求。以下是教学资源选择应遵循的几项原则。

1. 目标导向原则

教学资源的选择应紧紧围绕教学目标。教师应根据教学目标确定所需的教学资源类型和内容，确保教学资源能够有效地服务于教学目标。同时，教学目标也应随着教学资源的选择而不断明确和细化，形成一个动态的教学过程。

2. 适应性原则

教学资源的选择应适应学生的年龄、认知水平和学科特点。不同年龄段的学生具有不同的认知能力和学习需求，因此，在选择教学资源时，教师应充分考虑学生的实际情况，选择适合学生的教学资源。此外，不同学科的教学资源也具有其独特的特点和要求，教师应根据学科特点选择相应的教学资源。

3. 多样性原则

教学资源的选择应体现多样性。多样性不仅指教学资源类型的多样性，还包括教学资源内容的多样性和呈现方式的多样性。在教学过程中，教师应充分利用各种教学资源，为学生提供丰富多样的学习体验。同时，教师还应注重教学资源之间的整合和优化，形成一个有机的教学资源体系。

4. 科学性原则

教学资源的选择应具有科学性。教学资源的选择应遵循教育教学规律和学科知识体系，确保教学资源的科学性和准确性。同时，教师还应关注教学资源的时效性和前瞻性，及时更新教学资源库，以适应时代的发展和教育的变革。

5. 经济性原则

教学资源的选择应考虑经济性。在保障教学质量的前提下，教师应尽可能选择成本较低的教学资源，降低教学成本。同时，教师还应注重教学资源的可持续利用和共享，提高教学资源的利用率和效益。

（二）教学资源选择的方法

教学资源选择的方法是实现教学资源有效选择的关键。以下是几种常用的教学资源选择方法。

1. 需求分析法

需求分析法是教学资源选择的基础方法。教师首先应对教学目标、学生特点、学科特点等因素进行深入分析，明确教学需求。然后，根据教学需求确定所需的教学资源类型和内容，进行有针对性的教学资源选择。

2. 比较评估法

比较评估法是一种常用的教学资源选择方法。教师可以从多个角度对不同的教学资源进行比较和评估，如资源的质量、适用性、成本等。通过比较评估，教师可以选出最适合自己教学需求的教学资源。

3. 案例分析法

案例分析法是一种通过分析成功案例来选择教学资源的方法。教师可以收集和分析一些成功的教学案例，了解这些案例中使用的教学资源类型和内容，以及它们在教学过程中的作用和效果。通过案例分析，教师可以借鉴他人的成功经验，选择适合自己教学需求的教学资源。

4. 专家咨询法

专家咨询法是一种通过咨询专家来选择教学资源的方法。教师可以向相关领域的专家咨询，了解他们对教学资源选择的看法和建议。专家咨询法可以帮助教师获取更权威、更专业的指导，提高教学资源选择的准确性和有效性。

三、教学资源的有效整合与应用

在现代教育背景下，教学资源的有效整合与应用对于提高教学质量、促进教育创新具有重要意义。教学资源整合旨在将各类教学资源进行有机融合，形成一个有机统一的教学资源体系，以满足不同教学需求。教学资源的应用则是将整合后的教学资源实际运用到教学过程中，以优化教学流程、提升教学效果。

（一）教学资源整合的必要性

随着信息技术的迅猛发展，教学资源的种类和数量日益增多，为教学提供了丰富的素材和工具。然而，如何将这些教学资源进行有效整合，以发挥其最大效用，成为教学实践中亟待解决的问题。教学资源整合的必要性主要体现在以下几个方面。

1. 提升教学资源利用效率

通过教学资源整合，可以将分散的教学资源进行集中管理，实现资源的共享和再利用。这不仅可以减少资源的浪费，还可以提高教学资源的利用效率，为教学提供更多优质资源支持。

2. 优化教学流程

教学资源整合有助于优化教学流程。通过整合各类教学资源，教师可以更加便捷地获取所需的教学素材和工具，减少备课和授课过程中的繁琐操作，使教学更加高效、流畅。

3. 促进教育创新

教学资源整合可以推动教育创新。在整合过程中，教师可以尝试将新技术、新方法引入教学中，探索新的教学模式和教学方法，以激发学生的学习兴趣和创造力，促进教育教学的创新和发展。

（二）教学资源整合的方法

教学资源整合的方法多种多样，以下是几种常用的教学资源整合方法。

1. 分类整合法

分类整合法是根据教学资源的类型或特点进行分类整合。教师可以根据学科特点、教学需求等因素，将教学资源分为不同的类别，如教材、课件、实验器材等，并进行有针对性的整合。这种方法有助于形成清晰、有序的教学资源体系，便于教师查找和使用。

2. 主题整合法

主题整合法是以某个主题为核心，将与之相关的教学资源进行整合。教师可以根据教学内容和教学目标，确定一个或多个主题，并对与该主题相关的教学资源进行整合。这种方法有助于形成具有针对性的教学资源库，为教学提供有针对性的支持。

3. 技术整合法

技术整合法是利用信息技术手段对教学资源进行整合。教师可以借助网络平台、教学软件等工具，将不同来源、不同类型的教学资源进行整合和共享。这种方法可以实现教学资源的数字化、网络化管理，提高教学资源的可获取性和可传播性。

（三）教学资源的应用策略

教学资源的应用策略是实现教学资源有效应用的关键。以下是几种常用的教学资源应用策略。

1. 个性化教学策略

个性化教学策略是根据学生的个体差异和学习需求，选择适合学生的教学资源进行教学。教师可以通过分析学生的学习特点、兴趣爱好等因素，选择能够激发学生兴趣和动力的教学资源，以满足学生的个性化学习需求。

2. 情境教学策略

情境教学策略是创设与教学内容相关的情境，利用教学资源进行情境教学。教师可以通过模拟真实场景、展示案例等方式，将教学资源与教学内容相结合，使学生能够在情境中学习和体验知识，提高学习的趣味性和实效性。

3. 项目式学习策略

项目式学习策略是以项目为驱动，利用教学资源进行项目式学习。教师可以设计具有挑战性的项目任务，引导学生利用教学资源进行自主学习和协作探究，以培养学生的实践能力和创新精神。

四、教学资源开发与创新的途径

在信息化和全球化的时代背景下，教学资源的开发与创新对于提升教学质量、满足学生多样化学习需求具有重要意义。教学资源开发与创新旨在探索新的教学资源来源、创新教学资源呈现方式，以及优化教学资源利用策略，以适应教育发展的新形势和新要求。

（一）教学资源开发的途径

教学资源开发具有多种途径，以下是几种主要的途径。

1. 网络资源开发

网络资源是教学资源开发的重要来源。教师可以通过搜索引擎、教育类网站等途径获取丰富的教学资源，如教案、课件、教学视频等。同时，教师还可以利用网络平台进行资源共享和交流，促进教学资源的优化和创新。

2. 学校资源开发

学校内部的教学资源也是教学资源开发的重要来源。学校可以建设和完善自己的教学资源库，如图书馆、实验室、多媒体教室等，为教师提供丰富的教学资源支持。同时，学校还可以组织教师开展教学资源开发活动，鼓励教师创新教学资源呈现方式和利用策略。

3. 教育机构合作开发

教育机构具有专业的教研团队和丰富的教学资源，是教学资源开发的重要合作伙伴。学校可以与教育机构建立合作关系，共同开发优质教学资源，实现资源共享和优势互补。

4. 社区资源开发

社区是学生学习和生活的重要场所，也是教学资源开发的重要来源。学校可以积极利用社区资源，如博物馆、科技馆、文化宫等，开展实践教学活动，丰富学生的学习体验。同时，学校还可以与社区组织建立合作关系，共同开发具有地方特色的教学资源。

（二）教学资源创新的策略

教学资源创新是推动教学资源开发的重要途径，以下是几种主要的创新策略。

1. 技术驱动创新

利用现代信息技术手段，如虚拟现实、人工智能等，创新教学资源呈现方式和利用策略。这些技术能够为学生提供更加真实、生动的学习体验，提高学生的学习兴趣和参与度。

2. 内容创新

关注学科前沿动态和学生实际需求，更新和优化教学资源内容。通过引入新的知识点、案例、实践项目等，使教学资源更加贴近时代发展和学生需求。

3. 形式创新

探索多样化的教学资源呈现形式，如互动教材、在线课程、微课等。这些形式能够为学生提供更加灵活、便捷的学习方式，满足不同学生的学习需求。

4. 合作创新

加强与其他学校、教育机构的合作与交流，共同开发优质教学资源。通过合作创新，可以实现资源共享和优势互补，提高教学资源的质量和可用性。

第二节　数学实践活动的设计与实施

在数学教育领域中，数学实践活动的设计与实施是培养学生数学素养、提高数学应用能力的重要途径。通过数学实践活动，学生能够在实际操作中深化对数学概念的理解，掌握数学方法的应用，并培养解决问题的能力和创新精神。因此，对数学实践活动的设计与实施进行深入探讨，对于提高数学教育的质量具有重要意义。

一、数学实践活动的目的与意义

在数学教育的广阔领域中，数学实践活动作为一种特殊的教学形式，其目的与意义不容忽视。它不仅是对传统数学课堂教学的重要补充，更是培养学生数学素养、提升数学应用能力的关键途径。

（一）数学实践活动的目的

数学实践活动的核心目的在于通过实际操作和探究，加深学生对数学知识的理解，提高数学应用能力和解决问题的能力。具体而言，数学实践活动旨在实现以下几个方面的目标。

1. 深化数学知识理解

数学实践活动鼓励学生将理论知识与实际操作相结合，通过实践活动深化对数学概念、定理和公式的理解。学生可以通过亲自动手、观察实验等方式，直观地感受数学知识的内涵和外延，从而更好地掌握数学知识。

2. 培养数学应用能力

数学实践活动强调数学知识的应用性和实践性。通过实践活动，学生可以了解数学在现实生活中的应用场景，学会用数学方法解决实际问题。这种能力的培养不仅有助于提高学生的数学素养，还有助于培养学生的创新意识和实践能力。

3. 提升解决问题能力

数学实践活动通常涉及一些具有挑战性的问题或项目，需要学生运用所学的数学知识进行思考和解决。在解决问题的过程中，学生需要不断尝试、探索和调整思路，这有助于提高学生的思维能力和解决问题的能力。同时，通过实践活动，学生还可以积累解决问题的经验和技巧，为未来的学习和生活奠定坚实基础。

（二）数学实践活动的意义

数学实践活动的意义不仅体现在对学生数学能力的提升上，还体现在以下几个方面。

1. 促进学生全面发展

数学实践活动是一种跨学科、综合性的教学活动，它涉及多个学科的知识和技能。通过实践活动，学生可以了解不同学科之间的联系和相互作用，培养跨学科思维和综合素质。这种综合素质的发展对于学生未来的学习和生活具有重要意义。

2. 培养学生创新精神

数学实践活动鼓励学生进行自主探究和创新，这种创新精神的培养对于培养学生的创新能力和创业精神具有重要意义。在实践活动中，学生需要不断尝试新的思路和方法，这种尝试和探索有助于激发学生的创新潜力，培养学生的创新精神和创新意识。

3. 拓展数学教学资源

数学实践活动是一种开放性的教学活动，它可以利用多种教学资源来开展教学。通过实践活动，教师可以发掘和利用更多的教学资源，如网络资源、社区资源等，丰富教学内容和形式。同时，学生也可以通过实践活动了解更多的数学知识和应用场景，拓展自己的知识视野和思维空间。

4. 增强数学教学趣味性

数学实践活动通常采用一些有趣的游戏、实验等方式来进行，这有助于增强数学教学的趣味性。在实践活动中，学生可以感受到数学的魅力和乐趣，从而激发对数学学习的兴趣和热情。这种兴趣和热情将有助于学生更加主动地参与数学学习，提高学习效果。

综上所述，数学实践活动的目的与意义在于通过实际操作和探究，深化学生对数学知识的理解，提高数学应用能力和解决问题的能力，同时促进学生全面发展、培养创新精神和拓展教学资源。因此，在数学教育中，应充分重视数学实践活动的设计与实施，将其作为一种重要的教学手段和形式来加以应用和推广。

二、数学实践活动的设计原则

在数学实践活动的设计中，为确保活动的有效性、系统性和教育性，必须遵循一系列的设计原则。这些原则不仅体现了数学教育的专业性，也确保了活动能够真正促进学生的数学素养和能力的培养。

（一）目标性原则

目标性原则是数学实践活动设计的首要原则。在设计数学实践活动时，必须首先明确活动的目标，即希望通过活动达到什么样的教育效果。这些目标应该具体、明确、可衡量，并与数学课程标准和教学大纲相一致。只有明确了目标，才能有针对性地设计活动内容、方法和步骤，确保活动能够达到预期的教育效果。

在设计活动目标时，应注意以下几点：首先，目标应具有层次性，满足不同水平学生的需求；其次，目标应具有可操作性，能够指导学生的具体实践活动；最后，目标应具有可评价性，能够通过一定的评价手段来检验活动的效果。

（二）实践性原则

实践性原则是数学实践活动设计的核心原则。数学实践活动应该强调学生的实践参与和体验，让学生在实践中学习、在实践中探索、在实践中创新。因此，在设计数学实践活动时，应注重活动的实践性，确保学生能够亲自参与、亲身体验。

在体现实践性原则时，可以采取以下措施：首先，设计具有实际意义的实践活动项目，让学生能够在实践中应用数学知识；其次，提供充足的实践机会和时间，让学生有足够的时间进行实践探索；最后，关注学生的实践过程和体验，及时给予指导和帮助，确保学生能够获得真实的实践体验。

（三）探究性原则

探究性原则是数学实践活动设计的重要原则。数学实践活动应该鼓励学生进行自主探究和发现式学习，让学生在探究中理解数学知识、掌握数学方法、培养数学能力。因此，在设计数学实践活动时，应注重活动的探究性，为学生提供充分的探究空间和机会。

在体现探究性原则时，可以采取以下措施：首先，设计具有挑战性和开放性的探究问题或项目，激发学生的探究兴趣和欲望；其次，提供必要的探究工具和资源，支持学生的自主探究；最后，关注学生的探究过程和结果，鼓励学生进行交流和分享，促进知识的共享和思维的碰撞。

（四）创新性原则

创新性原则是数学实践活动设计的另一重要原则。数学实践活动应该鼓励学生进行创新思考和创造性实践，培养学生的创新意识和创新能力。因此，在设计数学实践活动时，应注重活动的创新性，为学生提供创新的平台和机会。

在体现创新性原则时，可以采取以下措施：首先，设计具有创新性的活动内容和形式，激发学生的创新思维和想象力；其次，鼓励学生进行创新思维训练和实践，培养学生的创新能力和实践能力；最后，关注学生的创新成果和表现，及时给予肯定和奖励，激发学生的创新热情。

（五）系统性原则

系统性原则是数学实践活动设计的保障性原则。数学实践活动应该具有系统性和连贯性，确保活动能够形成一个完整的教育体系。在设计数学实践活动时，应注重活动的系统性和连贯性，确保各个活动环节之间相互衔接、相互支持。

在体现系统性原则时，可以采取以下措施：首先，制订详细的活动计划和时间表，确保活动的有序进行；其次，设计具有层次性和递进性的活动内容，确保学生能够逐步深入理解和掌握知识；最后，关注活动的整体效果和长期效益，确保活动能够真正促进学生数学素养和能力的培养。

总之，数学实践活动的设计原则体现了数学教育的专业性和科学性。在设计数学实践活动时，必须遵循目标性原则、实践性原则、探究性原则、创新性原则和系统性原则等基本原则，确保活动能够真正促进学生数学素养和能力的培养。

三、数学实践活动的实施步骤

数学实践活动的实施是确保活动目标得以实现的关键环节。为了确保活动的有序进行和有效性，必须遵循一定的实施步骤。以下将详细阐述数学实践活动的实施步骤，并分别对其中的关键环节进行解析。

（一）前期准备阶段

在数学实践活动开始之前，需要进行充分的前期准备工作。这一阶段的主要目的是为活动的顺利进行奠定坚实的基础。

1. 明确活动目标

需要明确数学实践活动的具体目标，包括知识目标、能力目标和情感目标等。这些目标将作为活动设计的指导原则，确保活动的方向性和针对性。

2. 设计活动方案

根据活动目标，设计具体的活动方案。活动方案应包括活动的内容、形式、时间、地点、参与人员等方面的安排。同时，还需要考虑活动所需的资源、设备和材料等方面的准备。

3. 组织活动团队

根据活动方案，组建专业的活动团队。团队成员应包括教师、学生和其他相关人员。他们需要具备相应的专业知识和技能，以确保活动的顺利进行。

4. 制订活动计划

在活动团队组建完成后，需要制订详细的活动计划。活动计划应包括活动的各个阶段、任务和时间节点等方面的安排。同时，还需要制定应急预案，以应对可能出现的突发情况。

(二)活动实施阶段

在活动实施阶段，需要按照活动计划进行有序的操作和实践。这一阶段的主要目的是让学生通过实践活动深化对数学知识的理解，提高数学应用能力和解决问题的能力。

1. 引入活动主题

在活动开始时，通过引入活动主题的方式，激发学生的兴趣和好奇心。可以通过讲述数学故事、展示数学应用案例等方式，让学生感受到数学的魅力和应用价值。

2. 开展实践活动

根据活动方案，组织学生开展具体的实践活动。实践活动可以包括数学游戏、数学实验、数学调查等多种形式。在活动过程中，教师应关注学生的参与情况和进展，及时给予指导和帮助。

3. 记录活动数据

在活动过程中，需要记录相关的数据和信息。这些数据和信息可以用于后续的分析和评估，以了解活动的效果和学生的学习情况。

4. 调整活动方案

根据活动过程中的实际情况，及时调整活动方案。如果活动进展不顺利或出现意外情况，应及时调整活动方案以确保活动的顺利进行。

(三)后期总结阶段

在数学实践活动结束后，需要进行后期总结工作。这一阶段的主要目的是对活动进行总结和反思，以评估活动的效果和改进活动方案。

1. 整理活动资料

在活动结束后，需要整理相关的活动资料和数据。这些资料和数据可以用于后续的分析和评估工作。

2. 分析活动效果

通过对活动过程中的数据和信息进行分析，评估活动的效果和学生的学习情况。可以分析学生在活动中的参与度、具体表现和问题解决能力等方面的情况，以了解活动的效果和学生的学习情况。

3. 总结活动经验

在活动总结阶段，需要对活动进行总结和反思。总结活动的成功经验和不足之处，并提出改进意见和建议。这些经验和建议可以用于后续的数学实践活动的设计和实施中，以提高活动的质量和效果。

4. 分享活动成果

在活动总结阶段，可以将活动的成果进行分享和交流。可以通过展示学生的作品、分享活动经验和心得等方式，让更多的人了解数学实践活动的价值和意义。同时，也可以借鉴其他成功的数学实践活动案例和经验，为后续的活动设计提供参考和借鉴。

总之，数学实践活动的实施步骤是一个有序的过程，需要按照前期准备、活动实施和后期总结三个阶段进行。在每个阶段中，都需要关注不同的关键环节和任务，确保活动的顺利进行和有效性。同时，也需要不断总结和反思活动的经验和教训，以改进后续的活动设计和具体实施。

第三节 小学数学教育中的数学文化传承

数学文化是指数学知识、数学思想、数学方法和数学精神的总和，它不仅包含数学的科学内容，还包括数学在历史和社会发展中的作用及其对人类文明的贡献。在小学教育中，数学文化的渗透和传递具有重要意义，能够丰富学生的数学体验，培养全面的数学素养，并促进他们对数学学习的兴趣和热爱。

一、数学文化在小学教育中的重要性

在小学数学教育中，数学文化的传承不仅有助于提升学生的数学素养，更能促进学生的综合素养和文化自觉，数学文化的重要性体现在以下几个方面。

（一）激发学生的数学兴趣

数学文化可以激发小学生对数学的兴趣。通过介绍数学的历史、数学家的故事、数学的应用等，可以让学生感受到数学的趣味性和实用性，从而提高他们学习数学的积极性。通过介绍数学家的故事、数学发展的历史

背景以及数学在实际生活中的应用，可以让学生更直观地理解数学知识的来源和价值。例如，讲述阿基米德、牛顿、笛卡尔等著名数学家的生平事迹，不仅能激励学生学习数学，还能让他们感受到数学家的智慧和创造力，进而增强对数学学习的兴趣。

（二）培养学生的数学思维

数学文化蕴含着丰富的数学思想和方法，能够有效地培养学生的数学思维能力。通过了解数学思想的发展历程，学生可以学习到不同数学家解决问题的思路和方法，培养创新思维和解决问题的能力。例如，通过了解欧几里得几何和非欧几何的发展，学生可以认识到数学中的不同观点和多样性，从而培养他们的开放性思维和批判性思考能力。

（三）提升学生的数学素养

数学文化教育有助于提升学生的整体数学素养。数学素养不仅仅是指数学知识的掌握程度，还包括对数学的理解、应用能力和对数学的态度。通过数学文化的熏陶，学生可以更加全面地认识数学的本质，理解数学在科学技术和社会发展中的重要作用，从而树立正确的数学观。例如，通过介绍数学在工程、经济、计算机科学等领域的应用，使学生认识到数学是解决实际问题的重要工具，激发他们学好数学、用好数学的动力。

（五）促进跨学科综合素质的培养

数学文化与其他学科文化密切相关，能够促进学生跨学科综合素质的培养。在小学教育中，通过数学文化与文学、历史、科学等学科的结合，可以帮助学生建立多学科的知识联系，拓展他们的知识面。例如，通过研究古代数学家在天文学、物理学中的应用，学生可以更好地理解数学与其他科学的联系，培养综合运用知识的能力。

（六）塑造学生的数学精神

数学文化中蕴含着深刻的数学精神，包括追求真理、严谨求实、勇于探索和创新等。这些精神品质对学生的成长和发展具有重要的引领作用。通过数学文化教育，可以帮助学生树立科学精神和探索精神，培养他们在学习和生活中严谨细致、不畏困难、不断追求进步的优良品质。

二、数学文化传承的教学策略

在数学教育中，传承数学文化不仅是教授数学知识的过程，更是一种深层次的文化渗透和教育理念的体现。为了有效地在小学数学教育中传承数学文化，需要采取一系列具有针对性和实效性的教学策略。

（一）融入数学文化的教学内容

在小学数学教学中，教师应将数学文化有机地融入教学内容中，让学生在学习数学知识的同时，感受数学文化的魅力。具体教学策略包括以下几点。

1. 数学故事与历史

通过讲述数学家的故事和数学发展的历史，让学生了解数学的发展脉络和数学家的探索精神。这不仅可以激发学生的学习兴趣，还可以让学生认识到数学在人类文明史上的重要地位。

2. 数学与生活联系

将数学知识与实际生活相结合，让学生感受到数学在生活中的广泛应用。例如，可以通过购物、旅行等日常生活中的例子，让学生理解数学中的概念、公式和计算方法。

3. 数学与艺术结合

将数学与艺术相结合，让学生欣赏数学中的美。例如，可以通过介绍数学中的对称、比例、图形等概念，让学生感受数学在艺术中的应用和价值。

（二）创新数学文化的教学方法

为了让学生更好地理解和接受数学文化，教师需要采用创新的教学方法。具体教学策略包括以下几点。

1. 情境教学

通过创设与数学文化相关的情境，让学生在情境中学习数学知识。例如，可以模拟古代数学家的研究环境，让学生在模拟的情境中探索数学问题。

2. 探究式教学

引导学生通过探究的方式学习数学文化。教师可以提出一些具有挑战性的问题，让学生在探究的过程中发现数学规律、解决问题，从而培养学生的探究精神和创新能力。

3. 合作学习

通过小组合作的方式学习数学文化。教师可以将学生分成小组，让学生在小组中共同探讨数学问题、分享学习成果，从而培养学生的团队合作精神和沟通能力。

（三）数学文化教学的实施与评估

为了确保数学文化教学的有效实施，需要建立相应的评估机制。具体教学策略包括以下几点。

1. 制定教学目标

在数学文化教学中，教师应明确教学目标，包括知识目标、能力目标和情感目标等。这些目标将作为教学设计的指导原则，确保教学的方向性和针对性。

2. 设计教学活动

根据教学目标和教学内容，设计具体的数学文化教学活动。活动应具有趣味性和互动性，能够吸引学生的注意力，激发学生的学习兴趣。

3. 实施教学过程

在教学过程中，教师应注重学生的参与和体验，关注学生的思维发展和情感变化。同时，教师还需要根据学生的学习情况及时调整教学策略和方法。

4. 评估教学效果

通过评估学生的学习成果和教师的教学表现，了解数学文化教学的效果。评估可以采用多种方式，如课堂观察、作业分析、测验考试等。通过评估结果的分析和反馈，教师可以了解学生的学习情况和教学效果，为后续的教学改进提供依据。

三、数学文化活动的设计

在数学教育中，数学文化活动是传承数学文化、激发学生数学兴趣、培养学生数学素养的有效途径。为了使数学文化活动更加有效、更具趣味性，需要精心设计每一个活动环节，确保活动的针对性和实效性。

（一）数学文化活动的设计原则

在设计数学文化活动时，应遵循以下原则。

1. 目标导向性

数学文化活动的设计应明确目标，旨在通过活动培养学生的数学兴趣、提高数学素养、增强数学应用能力等。活动的目标应与数学教育的整体目标相一致，确保活动的针对性和实效性。

2. 趣味性

数学文化活动应具有一定的趣味性，能够吸引学生的参与和兴趣。通过设计有趣的活动内容和形式，让学生在轻松愉快的氛围中学习数学文化，感受数学的魅力。

3. 实践性

数学文化活动应注重学生的实践参与，让学生在活动中动手实践、亲身体验。通过实践活动，学生可以更加深入地理解数学知识和数学文化，提高数学应用能力。

4. 跨学科性

数学文化活动应具有跨学科性，与其他学科相融合。通过与其他学科的交叉融合，可以拓宽学生的知识视野，培养学生的综合素质和跨学科能力。

（二）数学文化活动的具体设计

基于上述设计原则，可以设计以下具体的数学文化活动。

1. 数学故事会

数学故事会是一种通过讲述数学故事来传承数学文化的活动。在活动设计上，可以选取一些有趣且具有代表性的数学故事，如数学家的传奇经历、数学问题的发现与解决等。通过讲述故事的方式，让学生了解数学的历史、文化和应用等方面的知识，同时激发学生的学习兴趣和好奇心。

在数学故事会的过程中，可以设置互动环节，让学生参与到故事中来。例如，可以邀请学生扮演故事中的角色，进行角色扮演或情景模拟；也可以设置问题环节，让学生在听完故事后回答相关问题，加深对数学文化的理解和记忆。

2. 数学游戏节

数学游戏节是一种通过游戏来学习数学文化的活动。在游戏设计上，可以选取一些与数学相关的游戏，如数学拼图、数学闯关、数学棋类等。这些游戏既具有趣味性，又能够让学生在游戏中学习和掌握数学知识。

在数学游戏节的过程中，可以设置多个游戏环节，让学生根据自己的兴趣和爱好选择不同的游戏。同时，可以设置奖励机制，对表现出色的学生进行表扬和奖励，激发他们的学习动力和积极性。

3. 数学探究营

数学探究营是一种通过探究活动来学习数学文化的活动。在探究设计上，可以选取一些具有挑战性和探究性的数学问题或数学现象作为探究主题。通过引导学生开展探究活动，让学生自主发现数学规律、解决问题、提出创新性的想法等。

在数学探究营的过程中，可以组织学生进行小组讨论或合作研究，让学生在团队中共同解决问题、分享学习成果。同时，可以邀请数学专家或教师进行指导点评，帮助学生深入理解数学知识和数学文化。

（三）数学文化活动设计的创新与发展

随着教育技术的不断发展和教育理念的更新，数学文化活动的设计也需要不断创新和发展。具体创新方式如下。

1. 引入现代科技手段

在数学文化活动的设计中，可以引入现代科技手段，如虚拟现实、增强现实、人工智能等。这些技术可以为数学文化活动提供更加丰富的表现形式和互动方式，提高活动的趣味性和实效性。

2. 拓展活动领域

除了传统的数学游戏、数学探究等活动外，还可以拓展数学文化活动的领域。例如，可以开展数学艺术创作活动，让学生在艺术创作中感受数学的美；也可以开展数学社会实践活动，让学生在实践中运用数学知识解决实际问题。

3. 加强跨学科融合

在数学文化活动的设计中，可以加强与其他学科的融合。通过与其他学科的交叉融合，可以拓宽学生的知识视野，培养他们的综合素质和跨学科能力。例如，可以开展数学与语文、数学与科学、数学与艺术等跨学科活动，让学生在活动中感受数学的广泛应用和价值。

四、数学文化对学生价值观的影响

在数学教育中，数学文化不仅传授数学知识，更在潜移默化中塑造学生的价值观。数学文化所蕴含的逻辑思维、严谨态度、创新精神等要素，对学生的价值观产生深远影响。

（一）数学文化对学生价值观塑造的机制

数学文化对学生价值观的塑造并非一蹴而就，而是一个渐进的过程。这一机制主要体现在以下几个方面。

1. 认知层面的影响

数学文化通过其独特的逻辑体系和推理方法，帮助学生建立科学、理性的认知模式。学生在学习数学的过程中，需要不断运用逻辑思维、归纳分类、演绎推理等方法，这些方法的运用能够帮助学生形成客观、公正、理性的价值观。

2. 情感层面的影响

数学文化中的美学元素，如数学中的对称、比例、和谐等，能够激发学生的审美情趣和情感体验。学生在欣赏数学美的过程中，能够感受到数学文化的魅力和价值，从而培养出对数学的热爱和追求。这种情感上的认同和追求，将进一步影响学生的价值观。

3. 行为层面的影响

数学文化所倡导的严谨态度、创新精神等价值观，能够引导学生的行为方式。学生在学习和应用数学的过程中，需要遵循数学的原则和规律，保持严谨的态度和作风。同时，数学文化鼓励学生勇于探索、敢于创新，这种精神将激励学生在面对困难和挑战时，保持积极的态度和行动。

（二）数学文化对学生价值观的具体影响

数学文化对学生价值观的影响是多方面的，具体体现在以下几个方面。

1. 培养科学精神

数学文化强调客观、公正、理性的科学精神。通过学习数学，学生能够逐渐建立起科学的世界观和人生观，以科学的态度和方法看待问题、解决问题。这种科学精神将影响学生的职业选择、生活方式等方面，使他们成为具有科学素养的现代人。

2. 塑造严谨态度

数学文化中的严谨态度对学生的价值观产生深远影响。在学习数学的过程中，学生需要遵循数学的原则和规律，保持严谨的态度和作风。这种严谨的态度将影响学生的思维方式、行为习惯等方面，使他们在面对工作和生活中的问题时，能够保持冷静、客观、理性的态度。

3. 激发创新精神

数学文化鼓励学生勇于探索、敢于创新。在学习和应用数学的过程中，学生需要不断尝试新的方法、解决新的问题。这种创新精神将激励学生在面对未知领域和挑战时，保持好奇心和求知欲，勇于探索、敢于创新。这种创新精神将影响学生的职业发展、科学研究等方面，使他们成为具有创新精神和创造力的现代人。

第六章　教学评估与反馈策略

在教学实践中，教学评估与反馈策略对于提升教学质量、优化学生学习体验具有至关重要的作用。本章将重点探讨形成性评估在小学数学教学中的应用，以期为提高小学数学教学效果提供有益参考。

第一节　形成性评估在小学数学教学中的应用

在小学数学教学中，形成性评估作为一种重要的教学评估方式，旨在通过对学生学习过程的持续观察和评估，及时发现问题、调整教学策略，以促进学生数学学习的全面发展。

一、形成性评估的概念与特点

形成性评估，也称为过程性评估或学习性评估，是一种在教学过程中进行的、旨在了解学生学习进展和存在问题、以便及时调整教学策略的评估方式。形成性评估不同于传统的终结性评估，后者主要关注学生的学习结果和成绩，而前者则更加注重学生的学习过程和发展。

（一）形成性评估的概念

形成性评估是一种在教学过程中进行的、以学生为中心的评估方式。它强调对学生学习过程的持续观察和评估，旨在通过收集学生的学习数据和信息，了解学生的学习进展、存在问题和困难，以便教师及时调整教学策略和方法，帮助学生更好地掌握知识和技能。

在小学数学教学中，形成性评估的应用尤为重要。由于数学学科具有逻辑性强、抽象程度高等特点，学生在学习过程中往往会遇到各种困难和挑战。因此，通过形成性评估及时了解学生的学习情况，对于教师调整教学策略、提高教学效果具有重要意义。

（二）形成性评估的特点

1. 持续性

形成性评估强调对学生学习过程的持续观察和评估，贯穿整个教学过程始终。这种持续性有助于教师及时了解学生的学习进展和存在问题，从而做出针对性的教学调整。

2. 多元性

形成性评估的评估方式多种多样，包括观察、提问、测试、作业等多种手段。这些评估方式可以相互补充、相互印证，形成对学生学习情况的全面了解。

3. 互动性

形成性评估强调教师与学生之间的互动和沟通。在评估过程中，教师可以通过提问、讨论等方式与学生进行互动，了解学生的学习情况和想法，从而更加准确地把握学生的学习需求。

4. 指导性

形成性评估不仅关注学生的学习结果，更关注学生的学习过程和发展。通过评估结果的分析和反馈，教师可以为学生提供有针对性的学习建议和指导，帮助学生更好地掌握知识和技能。

在小学数学教学中，形成性评估的这些特点使得其成为了一种重要的教学评估方式。通过形成性评估，教师可以及时了解学生的学习情况，发现学生存在的问题和困难，从而做出针对性的教学调整和改进。同时，形成性评估也有助于激发学生的学习兴趣和积极性，提高学生的自主学习能力和问题解决能力。

（三）形成性评估在小学数学教学中的具体应用

在小学数学教学中，形成性评估可以应用于多个方面。例如，教师可以通过课堂观察了解学生的学习状态和思考过程；通过提问和讨论了解学生的理解程度和思维水平；通过作业和测试了解学生的学习效果和掌握程度。此外，教师还可以利用信息技术手段进行形成性评估，如在线测试、学习分析系统等，更加高效、准确地收集学生的学习数据和信息。

在应用形成性评估时，教师需要注意以下几点。首先，要明确评估的目的和意义，确保评估活动能够真正服务于学生的学习和发展；其次，要选择合适的评估方式和手段，确保评估结果的准确性和可靠性；最后，要及时分析和反馈评估结果，为学生提供有针对性的学习建议和指导，帮助学生更好地掌握知识和技能。

总之，形成性评估在小学数学教学中具有重要的应用价值。通过持续、多元、互动和指导性的评估方式，教师可以及时了解学生的学习情况和发展需求，从而调整教学策略和方法，提高教学效果和学生的学习体验。

二、形成性评估在小学数学教学中的应用

在小学数学教学实践中，形成性评估作为一种重要的教学策略和工具，其应用不仅有助于教师精准把握学生的学习动态，更能有效促进学生的学习进步。下面将从应用方法、实践效果及改进策略等方面，深入探讨形成性评估在小学数学教学中的具体应用。

（一）形成性评估在小学数学教学中的应用方法

在小学数学教学中，形成性评估的应用方法多样且灵活，主要包括以下几个方面。

1. 课堂观察法

课堂观察是形成性评估的重要应用手段之一。教师可以通过观察学生在课堂上的表现，如注意力集中程度、参与度、反应速度等，来评估学生的学习状态和理解程度。同时，教师还可以根据观察结果及时调整教学策略，以满足学生的学习需求。

2. 作业分析法

作业是学生学习情况的重要反映。教师可以通过分析学生的作业完成情况，如正确率、解题思路、书写规范等，来评估学生的学习效果。通过作业分析，教师可以发现学生的学习难点和错误倾向，进而进行有针对性的辅导和纠正。

3. 测验反馈法

测验是检验学生学习成果的有效手段。教师可以通过定期测验来了解

学生对知识的掌握情况。在测验后，教师应及时给予反馈，指出学生的优点和不足，并提供相应的建议和指导。通过测验反馈，学生可以更加清晰地了解自己的学习状况，从而调整学习策略。

4. 学生自评与互评法

学生自评和互评是形成性评估的重要组成部分。学生可以通过自我评价来反思自己的学习过程和效果，发现自己的不足和改进方向。同时，学生之间的互评也可以促进学生之间的交流和合作，提高学习效果。

（二）形成性评估在小学数学教学中的实践效果

在小学数学教学中应用形成性评估，可以取得显著的实践效果。具体表现在以下几个方面。

1. 提高教学效果

通过形成性评估，教师可以及时了解学生的学习情况，发现教学中的问题和不足，从而调整教学策略和方法。这种及时的教学调整更加符合学生的学习需求，提高教学效果。

2. 促进学生学习

形成性评估注重对学生学习过程的评估，可以帮助学生及时了解自己的学习状态和效果。通过教师的反馈和指导，学生可以更加清晰地认识自己的不足和改进方向，从而更加积极地投入到学习中去。

3. 培养自主学习能力

在形成性评估的过程中，学生需要对自己的学习过程进行反思和评价。这种自我评价和反思的过程可以帮助学生培养自主学习能力，提高自我管理和自我监控的能力。

4. 增强师生互动

形成性评估强调师生之间的互动和沟通。在评估过程中，教师可以通过提问、讨论等方式与学生进行互动，了解学生的学习情况和想法。这种互动可以增强师生之间的交流和沟通，建立良好的师生关系。

（三）形成性评估在小学数学教学中的改进策略

虽然形成性评估在小学数学教学中具有显著的应用效果，但在实际应用过程中仍存在一些问题需要改进。具体策略如下。

1. 完善评估指标

在形成性评估中，评估指标的完善性直接影响到评估结果的准确性和可靠性。因此，教师应根据学生的实际情况和教学目标，制定科学合理的评估指标，确保评估结果能够全面反映学生的学习情况。

2. 加强教师培训

形成性评估需要教师具备较高的专业素养和评估能力。因此，学校应加强对教师的培训和指导，提高教师的评估能力和专业素养，确保形成性评估在小学数学教学中的有效应用。

3. 合理利用信息技术

信息技术的发展为形成性评估提供了更多的可能性。教师可以利用信息技术手段进行在线测试、学习分析等操作，更加高效、准确地收集学生的学习数据和信息。同时，教师还可以利用信息技术手段进行远程评估和反馈，提高评估的及时性和有效性。

4. 注重评估结果的反馈和应用

评估结果的反馈和应用是形成性评估的重要环节。教师应及时将评估结果反馈给学生和家长，并提供相应的建议和指导。同时，教师还应将评估结果作为教学调整的依据，不断优化教学策略和方法，提高教学效果和学生的学习体验。

总之，形成性评估在小学数学教学中具有广泛的应用前景和重要的实践价值。通过完善评估指标、加强教师培训、合理利用信息技术以及注重评估结果的反馈和应用等策略，可以进一步提高形成性评估在小学数学教学中的有效性和针对性，为学生的学习进步和全面发展提供更好的支持和保障。

三、形成性评估工具的设计

在小学数学教学中，形成性评估工具的设计是确保评估活动有效进行的关键环节。一个科学、合理的评估工具不仅能够准确反映学生的学习情况，还能为教师的教学提供有力支持。因此，以下将深入探讨形成性评估工具的设计原则、方法及其在小学数学教学中的应用。

（一）形成性评估工具的设计原则

在设计形成性评估工具时，应遵循以下原则以确保其科学性和有效性。

1. 目标导向性

评估工具的设计应紧密围绕教学目标展开，确保评估内容与教学目标相一致。这样，通过评估结果的分析，教师可以准确了解学生对教学目标的掌握情况，从而调整教学策略。

2. 可操作性

评估工具应易于操作和理解，方便教师和学生使用。设计时应考虑评估任务的难度、时间等因素，确保评估活动能够顺利进行。

3. 多元性

评估工具应涵盖多个方面，包括知识、技能、情感态度等，以全面反映学生的学习情况。同时，评估方式也应多样化，如书面测试、口头提问、实践活动等，以满足不同学生的需求。

4. 反馈性

评估工具应能够提供及时的反馈，帮助学生了解自己的学习情况和存在的问题。同时，教师也应根据评估结果给予学生相应的指导和建议，促进学生的进步。

（二）形成性评估工具的设计方法

在设计形成性评估工具时，可以采用以下方法。

1. 分析教学目标

教师应明确教学目标，分析学生需要掌握的知识点和技能点。然后，根据教学目标确定评估的内容和范围。

2. 选择评估方式

根据评估内容和范围选择合适的评估方式。例如，对于知识点的掌握情况，可以采用书面测试的方式进行评估；对于实践技能的掌握情况，则可以采用实践活动或项目作业的方式进行评估。

3. 设计评估任务

根据评估方式设计具体的评估任务。评估任务应具有代表性和挑战性，能够真实反映学生的学习情况。同时，评估任务的设计也应考虑学生的年龄特点和认知水平。

4. 制定评分标准

针对评估任务制定明确的评分标准。评分标准应具体、可操作性强，能够准确反映学生的表现水平。同时，评分标准也应具有一定的灵活性，以适应不同学生的表现差异。

5. 试测与修订

在正式使用评估工具之前进行试测和修订是非常必要的。通过试测可以发现评估工具存在的问题和不足，并对其进行修订和完善。这样可以确保评估工具的准确性和有效性。

（三）形成性评估工具在小学数学教学中的应用

在小学数学教学中应用形成性评估工具可以取得显著的效果，具体表现在以下几个方面。

1. 实时监控学生的学习进度

通过使用评估工具对学生的学习过程进行实时监控，教师可以及时了解学生的学习进度和存在的问题。这样，教师可以根据学生的学习情况调整教学策略和方法，确保学生能够在学习中不断进步。

2. 促进师生之间的交流

评估工具的使用可以促进师生之间的交流。教师可以通过评估结果了解学生的学习情况和需求，与学生进行针对性的沟通，并提供相应指导。这种交流可以增进师生之间的了解和信任，为学生的学习提供更好的支持。

3. 激发学生的学习兴趣

通过使用有趣、具有挑战性的评估工具可以激发学生的学习兴趣和积极性。这些评估工具可以让学生在完成任务的过程中体验到学习的乐趣和成就感，从而更加主动地投入到学习中去。

4. 提高教学效果

通过应用形成性评估工具，教师可以更加准确地了解学生的学习情况和需求，从而制定更加符合学生实际的教学策略和方法。这种针对性的教学策略可以提高教学效果和学生的学习体验。

（四）形成性评估工具设计的改进策略

尽管形成性评估工具在小学数学教学中具有广泛的应用前景和重要的实践价值，但在实际应用过程中仍存在一些问题需要改进。具体策略如下。

1. 加强理论研究

加强对形成性评估工具设计的理论研究，探索更加科学、合理的评估工具设计方法。这可以为评估工具的设计提供有力的理论支持和实践指导。

2. 注重实践探索

在实践中不断探索和尝试新的评估工具设计方法和技术手段。通过实践可以检验评估工具的有效性和可行性，并不断改进和完善评估工具的设计。

3. 关注个性化需求

在设计评估工具时应充分考虑学生的个性化需求。不同学生具有不同的学习特点和兴趣爱好，因此评估工具的设计应具有一定的灵活性和可定制性，以满足不同学生的需求。

4. 加强教师培训

加强对教师的培训和指导，提高教师的评估能力和专业素养。这可以确保教师能够正确使用评估工具并充分发挥其作用，为学生的学习提供更好的支持和保障。

四、形成性评估对教学改进的作用

在小学数学教学实践中，形成性评估不仅作为评估学生学习进展的工具，更在教学改进过程中发挥着不可替代的作用。通过形成性评估，教师能够实时掌握学生的学习动态，及时发现问题，从而有针对性地进行教学调整和改进。以下将从形成性评估对教学改进的作用机制、具体实践以及未来发展方向等方面进行详细探讨。

（一）形成性评估对教学改进的作用机制

形成性评估对教学改进的作用主要体现在以下几个方面。

1. 提供反馈信息

形成性评估为教师提供了关于学生学习情况的及时反馈。这些反馈信息包括学生对知识点的掌握程度、学习方法的有效性、学习态度的积极性等。通过分析这些信息，教师可以了解学生的学习难点和需求，为教学改进提供数据支持。

2. 促进教学反思

形成性评估结果可以作为教师进行教学反思的依据。教师可以通过反思自己的教学过程和方法，发现存在的问题和不足，并思考如何改进教学策略以满足学生的学习需求。这种反思过程有助于教师不断提高自己的教学水平和能力。

3. 指导教学调整

在获取形成性评估结果后，教师可以根据这些信息对教学策略进行调整。例如，针对学生对某个知识点的掌握不足，教师可以加强该知识点的讲解和练习；针对学生学习方法的问题，教师可以提供更具针对性的指导；针对学生学习态度的消极，教师可以采取相应的激励措施。这种有针对性的教学调整有助于提高教学效果和学生的学习体验。

（二）形成性评估在教学改进中的具体实践

在小学数学教学中，形成性评估在教学改进中的具体实践表现在以下几个方面。

1. 课堂观察与记录

教师可以通过课堂观察记录学生的学习表现。例如，观察学生的参与度、注意力集中程度、回答问题的情况等。这些观察记录可以为教师提供关于学生学习状态的直接信息，有助于教师及时发现问题并进行调整。

2. 作业分析与反馈

作业是学生学习情况的重要反映。教师可以通过分析学生的作业完成情况了解学生对知识点的掌握程度。同时，教师可以针对学生的作业问题给予具体的反馈和指导，帮助学生改进学习方法并加深对知识点的理解。

3. 测验与诊断

通过定期的测验，教师可以了解学生对知识点的掌握情况。测验结果可以作为教师进行教学调整的依据。此外，教师还可以利用诊断性测验针对学生的特定问题进行评估和指导，以帮助学生解决学习中的困难。

4. 学生自评与互评

学生自评和互评是形成性评估的重要组成部分。通过自评和互评，学生可以更加深入地了解自己的学习情况并发现存在的问题。同时，学生之间的互评也可以促进相互学习和交流。教师可以引导学生正确地进行自评和互评，并以此为契机进行针对性的教学指导。

（三）形成性评估对教学改进的未来发展方向

随着教育技术的不断发展和教学理念的更新，形成性评估在教学改进中的作用将得到进一步拓展和提升。以下是几个可能的发展方向。

1. 技术融合

随着大数据、人工智能等技术的不断发展，形成性评估将与这些技术深度融合。通过技术手段收集和分析学生的学习数据，教师可以更加全面、准确地了解学生的学习情况，为教学改进提供更加有力的支持。

2. 个性化教学

形成性评估有助于实现个性化教学。通过分析学生的学习特点和需求，教师可以制定更加符合学生实际的教学策略和方法。同时，教师还可以根据学生的学习进度和表现进行个性化的指导和帮助，以提高学生的学习效果和体验。

3. 跨学科整合

在小学数学教学中，形成性评估可以与其他学科进行整合。例如，在数学教学中融入科学、技术等元素，通过跨学科的学习任务来评估学生的综合能力和素养。这种跨学科的整合有助于培养学生的综合素质和创新能力。

4. 持续改进与创新

形成性评估在教学改进中的作用是一个持续的过程。随着教学实践的不断深入和反思，教师需要不断改进和创新形成性评估的方法和技术手段，以适应学生的学习需求和教学要求的变化。这种持续改进和创新有助于推动小学数学教学的不断发展和进步。

第二节 多样化的评估工具与方法

在小学数学教学中，评估是不可或缺的一环。随着教育理念的更新和教学技术的发展，传统的单一评估方式已难以满足现代教育对多元化、个性化学习的需求。因此，探索多样化的评估工具与方法显得尤为重要。这些工具和方法不仅能够帮助教师全面了解学生的学习情况，还能激发学生的学习兴趣，促进他们的全面发展。

一、多样化评估工具的分类与功能

在小学数学教学中，多样化的评估工具可以按照不同的维度进行分类，并具备各自独特的功能。

（一）传统评估工具与现代技术的结合

1. 纸笔测试

作为传统的评估工具，纸笔测试在小学数学中仍占据重要地位。它通过书面形式考查学生对知识点的掌握情况，具有客观性和标准化的特点。然而，纸笔测试往往难以全面反映学生的思维过程和创新能力。因此，将纸笔测试与现代技术相结合，如利用电子试卷和在线评分系统，可以提高评估的效率和准确性。

2. 数字化评估工具

随着信息技术的快速发展，数字化评估工具在小学数学中得到了广泛应用。这些工具包括在线测试平台、智能学习系统、学习分析软件等。它们能够实时收集学生的学习数据，为教师提供及时反馈和数据分析。同时，数字化评估工具还具有互动性强、个性化定制等优点，能够激发学生的学习兴趣和主动性。

（二）形成性评估与总结性评估的互补

1. 形成性评估工具

形成性评估是在教学过程中进行的评估，旨在及时了解学生的学习情况和进展。在小学数学中，形成性评估工具包括课堂观察记录、作业分析、学生自评与互评等。这些工具能够帮助教师发现学生的学习问题，及时调整教学策略，促进学生的有效学习。

2. 总结性评估工具

总结性评估是在一个教学阶段结束后进行的评估，其目的旨在对学生的学习成果进行总结和评价。在小学数学中，总结性评估工具包括期末考试、学业水平测试等。这些工具能够为教师提供学生学习成果的量化指标，为教师制订下一阶段的教学计划提供参考。

（三）定量评估与定性评估的结合

1. 定量评估工具

定量评估工具主要通过数值化的方式评估学生的学习情况。在小学数学中，定量评估工具包括选择题、填空题、计算题等。这些工具能够客观地反映学生对知识点的掌握程度，为教师提供明确的评估结果。然而，定量评估往往难以全面反映学生的思维过程和创新能力。

2. 定性评估工具

定性评估工具主要通过描述性的方式评估学生的学习情况。在小学数学中，定性评估工具包括问题解决能力测试、数学日记、数学项目等。这些工具能够深入了解学生的思维过程和创新能力，为教师提供更加丰富和全面的评估信息。将定量评估与定性评估相结合，可以更加全面、准确地评估学生的学习情况。

在小学数学教学中，多样化的评估工具与方法具有广泛的应用前景和实践价值。它们不仅能够为教师提供全面、准确的评估信息，还能激发学生的学习兴趣和主动性，促进他们的全面发展。然而，在实际应用中，教师需要根据学生的实际情况和教学需求选择合适的评估工具和方法，并不断探索和创新评估方式，以适应教育教学的不断发展。同时，教师还需要注重评估结果的反馈和应用，将评估结果作为改进教学和指导学生的重要依据，推动小学数学教学质量的不断提升。

二、评估工具选择的原则与方法

在小学数学教学中，选择合适的评估工具对于准确评估学生的学习情况、促进教学改进具有重要意义。为了确保评估工具的有效性和适用性，需要遵循一定的选择原则并采用科学的方法。

（一）评估工具选择的原则

在选择评估工具时，应遵循以下原则以确保其科学性和有效性。

1. 目标性原则

评估工具的选择应紧密围绕教学目标和评估目的进行。教师应明确教学目标和评估目的，选择与之相匹配的评估工具，以确保评估结果能够准确反映学生的学习情况和教学目标达成度。

2. 科学性原则

评估工具应具备科学性和可靠性。教师应选择经过验证、具有科学依据的评估工具，以确保评估结果的准确性和有效性。同时，评估工具的设计应符合教育测量学和评估学的原理，确保评估过程的客观性和公正性。

3. 多样性原则

评估工具的选择应具有多样性。教师应根据学生的学习特点和教学需求，选择多种不同类型的评估工具进行组合使用。这样可以从多个角度全面了解学生的学习情况，提高评估结果的全面性和准确性。

4. 可行性原则

评估工具的选择应具有可行性。教师应考虑评估工具的实施难度、成本效益等因素，选择易于操作、成本适中的评估工具。同时，评估工具的设计应符合学生的认知特点和心理发展水平，以确保学生能够顺利参与评估过程。

5. 发展性原则

评估工具的选择应具有发展性。随着教育教学的不断发展和学生需求的变化，评估工具也需要不断更新和完善。教师应关注评估工具的发展趋势和前沿动态，及时引入新的评估工具和方法，以适应教育教学的需要。

（二）评估工具选择的方法

在选择评估工具时，可以采用以下方法以确保其科学性和有效性。

1. 文献研究法

通过查阅相关文献和资料，了解不同评估工具的特点、适用范围和优缺点等信息。这样可以帮助教师形成对评估工具的全面认识和理解，为选择合适的评估工具提供理论支持。

2. 专家咨询法

请教相关领域的专家学者或具有丰富经验的教师，获取他们对评估工具选择和使用的建议和指导。这样可以帮助教师避免在选择评估工具时出现的盲目性和主观性，提高选择的科学性和有效性。

3. 实证研究法

通过实证研究的方法，对不同的评估工具进行试验和比较。教师可以选择一定数量的学生进行试验评估，收集和分析评估数据，比较不同评估工具在评估学生学习情况方面的效果和差异。这样可以为教师提供直接的实证依据，帮助他们选择更加适合的评估工具。

4. 学生调研法

通过调查了解学生的需求和意见，了解他们对不同评估工具的接受程度和满意度等信息。这样可以帮助教师了解学生对评估工具的期望和需求，从而选择更加符合学生实际需求的评估工具。

5. 综合分析法

将以上各种方法结合起来进行综合分析和判断。教师可以综合考虑教学目标、学生特点、教学需求等因素，结合文献研究、专家咨询、实证研究和学生调研的结果，对不同的评估工具进行综合分析和比较，最终选择最适合的评估工具。

在小学数学教学中选择合适的评估工具是一个复杂而重要的任务。教师需要遵循目标性、科学性、多样性、可行性和发展性等原则，采用文献研究、专家咨询、实证研究、学生调研和综合分析等方法进行选择和判断。通过科学选择和使用评估工具，教师可以更加准确地评估学生的学习情况，促进教学改进和学生全面发展。

三、多样化评估方法在教学中的应用

在小学数学教学中，多样化评估方法的应用对于提升教学质量、促进学生全面发展具有重要意义。通过科学合理地运用不同的评估方法，教师可以全面、准确地掌握学生的学习情况，从而及时调整教学策略，优化教学效果。

（一）形成性评估方法在教学中的应用

形成性评估方法注重在教学过程中及时收集学生的学习反馈，以指导教师的教学行为。在小学数学教学中，形成性评估方法的应用主要体现在以下几个方面。

1. 课堂观察与记录

课堂观察是形成性评估的重要手段之一。教师可以通过观察学生在课堂上的表现，如参与度、注意力、思维活跃度等，来评估学生的学习状态和学习效果。同时，教师还可以利用课堂记录工具，如录音、录像等，对学生的学习过程进行记录和分析，以便更准确地了解学生的学习情况。

2. 作业分析与反馈

作业是小学数学教学的重要组成部分，也是形成性评估的重要途径。教师可以通过对学生作业的批改和分析，了解学生对知识点的掌握情况、解题能力和思维水平等。同时，教师还可以利用作业反馈机制，及时向学生提供个性化的学习建议和指导，帮助学生改进学习方法和提高学习效果。

3. 小组合作与项目评价

小组合作和项目评价是形成性评估的重要形式之一。在小学数学教学中，教师可以组织学生进行小组合作活动或项目研究，通过观察学生在小组中的角色分工、沟通协作、问题解决等方面的表现，来评估学生的综合能力和学习效果。这种评估方法能够激发学生的团队精神和创新意识，促进学生的全面发展。

（二）终结性评估方法在教学中的应用

终结性评估方法主要用于检验学生在一个学习阶段或学期结束时的学习成果。在小学数学教学中，终结性评估方法的应用主要体现在以下几个方面。

1. 单元测试与期末考试

单元测试和期末考试是小学数学教学中常见的终结性评估方式。教师可以通过设计和实施单元测试和期末考试，检验学生对某一单元或整个学期知识点的掌握情况和应用能力。这种评估方式能够客观地反映学生的学习成果和教学效果，为教师提供重要的教学反馈和参考。

2. 综合评价与反馈

综合评价是终结性评估的重要形式之一。在小学数学教学中，教师可以通过综合考虑学生的作业表现、课堂参与度、小组合作和项目研究等多个方面的成绩，来评价学生的整体学习效果和综合素质。同时，教师还可以利用综合评价结果，向学生提供全面的学习反馈和建议，帮助学生认识自己的学习优势和不足，制定针对性的学习计划和发展目标。

3. 诊断性评估与补救教学

诊断性评估是终结性评估的延伸和补充。在小学数学教学中，教师可以通过对学生在单元测试或期末考试中的错误进行分析和诊断，找出学生的知识漏洞和思维障碍，从而制订针对性的补救教学计划。这种评估方式能够帮助学生及时纠正错误、弥补不足，提高学习效果和自信心。

（三）多样化评估方法在教学中的综合应用

在小学数学教学中，形成性评估和终结性评估方法并不是孤立的，而是应该相互补充、相互促进的。教师可以根据教学需要和学生特点，综合运用多种评估方法，全面、准确地评估学生的学习情况。同时，教师还应该注重评估结果的反馈和应用，将评估结果作为改进教学和指导学生的重要依据，推动小学数学教学质量的不断提升。

综上所述，多样化评估方法在小学数学教学中的应用具有重要意义。通过科学合理地运用不同的评估方法，教师可以全面、准确地掌握学生的学习情况，从而及时调整教学策略，优化教学效果。同时，教师还应该注重评估结果的反馈和应用，以推动小学数学教学质量的不断提升。

四、评估结果的分析与应用

在小学数学教学中，评估结果的分析与应用是评估过程的关键环节。通过对评估结果的深入分析，教师可以全面了解学生的学习状况，发现教学中的问题，进而制定针对性的教学策略。同时，评估结果的应用也是促进学生学习进步、提升教学质量的重要途径。

（一）评估结果的分析

评估结果的分析是评估工作的重要组成部分，它涉及对评估数据的整理、统计和解释。在小学数学教学中，评估结果的分析应关注以下几个方面。

1. 数据整理与统计

教师需要对收集到的评估数据进行整理和统计。这包括对学生作业、测试、课堂表现等各方面的数据进行分类、汇总和计算。通过数据整理与统计，教师可以得到学生在知识掌握、能力发展和情感态度等方面的具体表现。

2. 结果解释与比较

在数据整理与统计的基础上，教师需要对评估结果进行解释和比较。

解释评估结果需要依据教学目标和评估标准，对学生在各方面的表现进行客观、准确的描述。同时，教师还需要将学生的表现与班级整体水平、年级平均水平等进行比较，以了解学生在班级和年级中的相对位置。

3. 问题诊断与归因

在评估结果解释与比较的基础上，教师需要进一步诊断学生在学习中存在的问题，并找出问题的原因。问题诊断可以通过观察学生在课堂和作业中的具体表现，结合教师的经验和专业知识来实现。问题归因则需要深入分析问题的性质、来源和影响因素，以便为制定针对性的教学策略提供依据。

（二）评估结果的应用

评估结果的应用是评估工作的最终目的，它涉及将评估结果转化为教学改进和学生发展的实际行动。在小学数学教学中，评估结果的应用应关注以下几个方面。

1. 教学策略的调整与优化

根据评估结果的分析，教师可以发现教学中的问题和不足，进而调整和优化教学策略。例如，针对学生在某个知识点上的掌握不足，教师可以加强该知识点的讲解和练习；针对学生在解题能力上的欠缺，教师可以设计更多的练习题和解题技巧指导。通过教学策略的调整与优化，教师可以更好地满足学生的学习需求，提高教学效果。

2. 个性化学习指导与辅导

评估结果还可以为教师提供个性化的学习指导和辅导依据。通过对学生的评估结果进行深入分析，教师可以了解每个学生的学习特点和需求，进而为他们提供个性化的学习建议和辅导方案。例如，针对学习能力强但容易粗心的学生，教师可以提醒他们注意细节和审题；针对学习能力较弱但勤奋的学生，教师可以鼓励他们继续努力并提供更多的学习资源和帮助。通过个性化学习指导与辅导，教师可以更好地关注每个学生的成长和发展。

3. 家校沟通与协作

评估结果的应用还可以促进家校之间的沟通与协作。教师可以通过向家长反馈学生的评估结果和学习情况，让家长了解孩子在学校的学习表现和进步情况。同时，教师也可以邀请家长参与孩子的学习计划和辅导工作，共同促进孩子的成长和发展。通过家校沟通与协作，教师可以更好地了解学生的家庭背景和学习环境，为制定更加符合学生实际的教学策略提供依据。

4. 学生学习动机的激发与培养

评估结果的应用还可以帮助学生激发学习动机和培养学习兴趣。教师可以通过肯定学生的进步和成绩来增强他们的自信心和成就感；也可以通过指出学生的不足和提出改进建议来激发他们的学习动力。此外，教师还可以利用评估结果来组织一些有趣的学习活动和竞赛来激发学生的学习兴趣和积极性。通过学生学习动机的激发与培养，教师可以更好地促进学生的全面发展。

综上所述，评估结果的分析与应用是小学数学教学中不可或缺的一环。通过对评估结果的深入分析和应用，教师可以全面了解学生的学习状况并发现教学中的问题，进而调整和优化教学策略、提供个性化学习指导和辅导、促进家校沟通与协作以及激发学生的学习动机和兴趣，最终推动小学数学教学质量的不断提升和学生的全面发展。

第三节 反馈策略对学生学习动力的影响

有效反馈的策略与技巧对于提升学生的学习动力具有重要意义。教师应根据学生的实际情况和学习需求，灵活运用个性化、及时性、具体明确、积极正面等反馈策略与技巧，为学生提供有针对性的指导和支持，激发学生的学习潜力和动力。

一、学习动力的概念与重要性

在探讨反馈策略对学生学习动力的影响之前，有必要先对学习动力的概念及其重要性进行深入的剖析。学习动力作为推动学生持续参与学习活动的内在力量，对于学生的学习效果和发展具有至关重要的作用。

（一）学习动力的概念

学习动力，是指学习者在学习过程中所表现出的积极心理倾向和内在驱动力。它来源于学习者对知识的渴求、对目标的追求、对成功的渴望以及对自我价值的认同等多方面因素。在学习动力的驱动下，学习者能够主动投入到学习活动中，积极寻求解决问题的方法，勇于面对挑战和困难，不断追求进步和成长。

在小学数学教育中，学习动力表现为学生对数学学习的热情、兴趣、好奇心以及持之以恒的学习态度。这种动力促使学生积极探索数学世界，发现数学的奥秘和魅力，从而在数学学习中取得优异的成绩。

（二）学习动力的重要性

学习动力对于学生的学习效果和发展具有重要影响。首先，学习动力能够激发学生的学习积极性和主动性，促使学生主动投入到学习活动中，积极寻求解决问题的方法。这种积极的学习态度能够帮助学生更好地理解和掌握数学知识，提高学习效果。

其次，学习动力能够培养学生的自主学习能力和创新精神。在学习动力的驱动下，学生更加愿意独立思考、自主探究，勇于尝试新的思路和方法。这种自主学习能力和创新精神对于学生的长期发展具有重要意义。

最后，学习动力还能够增强学生的自信心和成就感。当学生在数学学习中取得进步和成就时，他们的自信心和成就感会得到增强，从而更加坚定他们继续学习的决心和信心。这种积极的学习体验能帮助学生形成持久的学习动力，为未来的学习和发展奠定坚实的基础。

（三）学习动力与小学数学教育的关系

在小学数学教育中，学习动力是学生取得优异成绩的关键因素之一。首先，学习动力能够帮助学生更好地理解和掌握数学知识。当学生对数学学习充满兴趣和热情时，他们更加愿意投入时间和精力去学习和思考数学问题。这种积极的学习态度能够帮助学生更好地理解和掌握数学知识，提高学习效果。

其次，学习动力能够培养学生的数学兴趣和爱好。当学生感受到数学的魅力和价值时，他们会对数学产生浓厚的兴趣和爱好。这种兴趣和爱好能够促使学生更加深入地学习数学知识，不断追求进步和成长。

最后，学习动力还能够促进学生的全面发展。在数学学习过程中，学生需要不断思考和探索数学问题，这种过程能够锻炼学生的思维能力、创新能力以及解决问题的能力。同时，数学学习还能够培养学生的合作精神和团队意识，促进学生的全面发展。

因此，在小学数学教育中，教师应充分重视学习动力的培养。教师可以通过创设有趣的数学情境、设计富有挑战性的数学问题、组织丰富多彩的数学活动等方式来激发学生的学习兴趣和动力。同时，教师还应关注学生的个体差异和需求，因材施教，为每个学生提供个性化的学习支持和指导。只有这样，才能真正激发学生的学习动力，促进学生的数学学习和全面发展。

二、有效反馈的策略与技巧

在理解学习动力的重要性后，探讨如何通过有效反馈来增强学生的学习动力显得尤为重要。有效反馈作为教学过程中的重要环节，不仅能够帮助学生了解自己的学习状况，还能激发学生的学习潜能，促进其学习动力的提升。

（一）有效反馈的策略

有效反馈的策略是指在反馈过程中采用的一系列方法和原则，它旨在提高反馈的效果和学生的学习动力。

1. 个性化反馈策略

个性化反馈策略强调根据学生的个体差异和学习需求，提供有针对性的反馈。在小学数学教育中，每个学生的数学基础和学习能力都有所不同，因此，教师应充分了解学生的特点，为每个学生制订个性化的反馈方案。个性化反馈可以帮助学生更准确地了解自己的学习状况，发现自身的优势和不足，从而调整学习策略，提高学习效果。

个性化反馈策略的实施需要教师在日常教学中细心观察学生的表现，记录学生的学习情况，并根据这些信息为学生量身定制反馈内容。例如，对于数学基础薄弱的学生，教师可以重点关注其基础知识的掌握情况，提供针对性的练习和辅导；对于学习能力较强的学生，教师可以设置更高层次的问题和挑战，激发其探索精神和创新能力。

2. 及时性反馈策略

及时性反馈策略强调在学生完成学习任务后尽快给予反馈。在小学数学教育中，及时性反馈能够让学生及时了解自己的学习成果和存在的问题，从而迅速调整学习策略，提高学习效果。同时，及时性反馈还能够让学生感受到教师的关注和重视，增强学生的学习动力。

为了实施及时性反馈策略，教师可以利用现代教学技术，如在线学习平台、智能教学系统等，实现对学生学习进度的实时跟踪和反馈。此外，教师还可以在课堂上或课后及时与学生沟通交流，了解学生的学习情况和需求，为学生提供及时的帮助和指导。

（二）有效反馈的技巧

有效反馈的技巧是指在反馈过程中采用的一些具体方法和技巧，它旨在提高反馈的效果和学生的学习动力。

1. 具体明确的反馈

具体明确的反馈是指教师在给予学生反馈时，能够明确指出学生的优点和不足，并提供具体的改进建议。这种反馈方式能够让学生更清晰地了解自己的学习状况，明确下一步的学习方向。同时，具体明确的反馈还能够增强学生的自我认知和自我调节能力，促进其学习动力的提升。

为了提供具体明确的反馈，教师在反馈时应避免使用模糊、笼统的评价语言，而应尽可能使用具体、详细的描述性语言。例如，在评价学生的数学作业时，教师可以指出学生作业中的具体错误和不足之处，并提供具体的改正建议和方法。

2. 积极正面的反馈

积极正面的反馈是指教师在给予学生反馈时，注重肯定学生的努力和进步，鼓励学生继续发挥优点并克服不足。这种反馈方式能够让学生感受到教师的鼓励和支持，增强自信心和自尊心，从而激发更强的学习动力。

在实施积极正面的反馈时，教师应关注学生的努力和进步，肯定学生的付出和成就。同时，教师还应注重培养学生的自我反思能力，引导学生客观看待自己的优点和不足，制定合理的学习计划和目标。

此外，有效反馈还需要注意以下几点技巧。

一是关注学生的情感体验：在反馈过程中，教师应关注学生的情感体验，了解学生对反馈的接受程度和反应。对于学生的消极情绪，教师应及时给予安慰和鼓励，帮助学生调整心态，重新树立信心。

二是采用多样化的反馈方式：教师可以根据学生的年龄、性格、兴趣等因素，采用口头表扬、书面评语、物质奖励等多种方式给予学生反馈。多样化的反馈方式能够满足不同学生的需求，提高反馈的针对性和有效性。

三是建立良好的师生关系：良好的师生关系是有效反馈的重要保障。教师应尊重学生、关心学生、理解学生，与学生建立平等、和谐、亲密的师生关系。在这种关系下，学生更愿意接受教师的反馈和建议，从而更好地发挥反馈的作用。

三、反馈对学生学习动力的影响

在探讨有效反馈的策略与技巧之后，我们需要进一步分析反馈对学生学习动力的具体影响。学习动力作为学生持续参与学习活动的内在力量，其强弱受到多种因素的影响，其中反馈是一个不可忽视的因素。以下将从两个方面探讨反馈对学生学习动力的影响。

（一）反馈对学习动力的促进作用

反馈对学生学习动力的促进作用主要体现在以下几个方面。

1. 增强自我认知

通过反馈，学生能够更准确地了解自己的学习状况，包括知识的掌握程度、解题能力的高低、学习方法的优劣等。这种自我认知的增强有助于学生更好地把握自己的学习进度和方向，从而增强学习动力。

在小学数学教育中，教师可以通过定期测试、作业批改、课堂观察等方式为学生提供反馈。学生根据这些反馈，可以清晰地看到自己的学习成果和不足，进而调整学习策略，提高学习效果。

2. 激发学习兴趣

有效的反馈能够激发学生的学习兴趣，使他们对数学学习产生浓厚的兴趣和爱好。当学生在数学学习中取得进步和成就时，教师的积极反馈能够让他们感受到成功的喜悦和满足，从而更加热爱数学学习。

为了激发学生的学习兴趣，教师可以通过设置富有挑战性的数学问题、开展有趣的数学游戏、组织数学竞赛等方式为学生提供反馈。这些反馈能够让学生感受到数学的魅力和价值，从而激发他们探索数学世界的欲望。

3. 提高自我效能感

自我效能感是学生对自己能够完成学习任务的信心。有效的反馈能够提高学生的自我效能感，使他们更加相信自己能够学好数学。当学生在数学学习中遇到困难时，教师的鼓励和支持能够让他们相信自己有能力克服困难并取得成功。

为了提高学生的自我效能感，教师可以采用及时性的反馈策略，在学生完成学习任务后尽快给予反馈。同时，教师还可以关注学生的个体差异和需求，为每个学生提供个性化的反馈和建议，帮助他们建立自信心和自尊心。

（二）反馈对学习动力的潜在影响

除了上述促进作用外，反馈还可能对学习动力产生一些潜在的影响。这些影响可能因学生的个体差异，以及反馈的方式和内容等不同而有所不同。

1. 负面反馈的影响

如果反馈方式不当或内容过于负面，可能会对学生的学习动力产生负面影响。例如，过于严厉的批评或指责可能会让学生感到沮丧和失望，从而降低他们的学习动力。

为了避免负面反馈的影响，教师应注重反馈的及时性和针对性，采用积极正面的反馈方式，关注学生的情感体验和个体差异。同时，教师还应引导学生正确看待反馈结果，鼓励他们从中汲取经验教训并调整学习策略。

2. 学生对反馈的解读

学生对反馈的解读也可能影响他们的学习动力。由于每个学生的认知水平和思维方式不同，他们可能会对同样的反馈产生不同的解读。一些学生可能会将反馈视为挑战和机遇，从而激发更强的学习动力；而另一些学生则可能会将反馈视为障碍和挫折，从而降低他们的学习动力。

为了引导学生正确解读反馈结果，教师应加强与学生的沟通交流，了解他们的想法和感受。同时，教师还应注重培养学生的自我反思能力，帮助他们客观看待自己的优点和不足，并制定合理的学习计划和目标。

3. 反馈的持续性

反馈的持续性也可能影响学生的学习动力。如果反馈只是偶尔为之或缺乏连贯性，那么它对学生学习动力的影响可能是有限的。相反，如果反馈能够持续进行并贯穿整个学习过程，那么它对学生学习动力的影响将是深远的。

为了确保反馈的持续性，教师应将反馈作为教学过程中的重要环节来对待，并将其纳入教学计划中。同时，教师还应关注学生的学习进展和变化，及时提供针对性的反馈和建议，以帮助他们不断进步和成长。

总之，反馈对学生学习动力具有重要影响。教师应注重反馈的有效性和持续性，采用适当的反馈策略和技巧来激发学生的学习兴趣和动力。同时，教师还应关注学生的个体差异和需求，为他们提供个性化的反馈和支持，以帮助他们取得更好的学习成果。

第四节 个性化学习与教学评估的结合

在小学数学教育中，个性化学习已成为提高学生学习效果和满足学生个体差异需求的重要途径。而教学评估作为衡量学生学习成果和教学效果的重要手段，与个性化学习之间存在着密切的联系。本节将探讨个性化学习与教学评估如何有效结合，以促进小学数学教育的发展。

一、个性化学习的内涵与特点

在小学数学教育中，个性化学习的重要性日益凸显。为了深入理解个性化学习在小学数学中的应用，我们首先需明确其内涵与特点。

（一）个性化学习的内涵

个性化学习，作为一种新兴的教育模式，其内涵涵盖多个方面。在小学数学的语境下，个性化学习主要指以学生为中心，尊重每个学生的独特性，并基于他们的兴趣、能力、学习风格等因素，量身定制学习内容、方法和速度的教学方式。

个性化学习的核心在于“个性化”。这意味着在教学过程中，教师不再采用传统的“一刀切”的教学方法，而是根据每个学生的具体情况，为他们提供个性化的学习方案。这种学习方案不仅包括教学内容的选择，还包括教学方法的确定、学习速度的调整以及学习资源的提供等方面。

在小学数学中，个性化学习的内涵具体体现在以下几个方面。

1. 尊重学生差异

每个学生都是独一无二的，他们具有不同的兴趣、能力和学习风格。个性化学习强调尊重学生的这些差异，并根据这些差异为他们提供个性化的学习方案。

2. 以学生为中心

个性化学习以学生为中心，关注学生的学习过程和发展变化。在教学过程中，教师会密切关注学生的学习情况，根据学生的反馈及时调整教学策略，以满足学生的学习需求。

3. 量身定制学习方案

个性化学习要求为每个学生量身定制学习方案。这些方案包括教学内容的选择、教学方法的确定、学习速度的调整以及学习资源的提供等方面，旨在帮助学生更好地理解和掌握数学知识。

（二）个性化学习的特点

个性化学习具有以下几个显著的特点，这些特点使得它成为小学数学教育中不可或缺的一部分。

1. 灵活性

个性化学习具有高度的灵活性。在教学过程中，教师可以根据学生的实际情况和学习需求，灵活调整教学策略和方法。同时，学生也可以根据自己的兴趣和进度选择适合自己的学习内容和方式。这种灵活性使得个性化学习能够更好地适应不同学生的需求，提高教学效果。在小学数学中，个性化学习的灵活性体现在多个方面。例如，教师可以根据学生的兴趣设计各种有趣的数学游戏和活动，让学生在轻松愉快的氛围中学习数学；同时，教师也可以根据学生的能力水平，为他们提供不同难度的数学题目和练习，帮助他们逐步提高数学能力。

2. 针对性

个性化学习具有针对性强的特点。在教学过程中，教师会针对每个学生的具体情况，为他们提供个性化的学习方案。这种针对性的学习方案能够更好地满足学生的学习需求，提高学习效果。在小学数学中，个性化学习的针对性体现在教学内容的选择上。教师可以根据学生的数学基础和能力水平，为他们选择适合的教学内容。对于数学基础较好的学生，教师可以为他们提供更高层次的数学知识；对于数学基础较弱的学生，教师则可以为他们提供基础知识的巩固和强化。这种针对性的教学内容选择能够更好地满足不同学生的需求，帮助他们更好地掌握数学知识。

3. 互动性

个性化学习强调师生之间的互动和合作。在教学过程中，教师应积极与学生沟通交流，了解学生的学习情况和需求；同时，学生也应积极参与学习活动，与教师和同学互动交流，共同解决问题和分享经验。在小学数学中，个性化学习的互动性体现在多个方面。例如，教师可以通过组织小组讨论、开展合作学习等方式，促进学生之间的交流和合作；同时，教师也可以通过课堂提问、作业批改等方式与学生进行互动交流，了解学生的学习情况和需求，并及时给予指导和帮助。这种互动性的教学方式能够激发学生的学习兴趣和积极性，提高他们的学习效果。

二、个性化学习与评估的结合策略

在小学数学教育中，个性化学习与评估的结合是提升教学效果、促进学生个性化发展的关键。个性化学习强调以学生为中心，尊重每个学生的独特性，而评估则是对学生学习成果和教学效果的衡量与反馈。将两者有效结合，不仅能更好地满足学生的个性化学习需求，还能为教学提供科学、准确的指导。

（一）个性化学习与评估结合的必要性

在小学数学教育中，个性化学习与评估的结合具有多方面的必要性。首先，个性化学习强调以学生为中心，注重学生的个体差异和需求。而评估作为对学生学习成果和教学效果的衡量与反馈，能够为个性化学习提供重要的数据支持。通过评估，教师可以更准确地了解学生的学习状况、兴趣和能力，从而为他们提供更有针对性的学习方案。

其次，个性化学习与评估的结合有助于实现教学目标的精准定位。在个性化学习中，教师需要根据学生的实际情况和学习需求制定教学目标。而评估则能够检验教学目标的实现情况，为教学提供及时的反馈和调整建议。通过结合个性化学习和评估，教师可以更加精准地把握学生的学习情况，确保教学目标的顺利实现。

最后，个性化学习与评估的结合有助于激发学生的学习积极性和自主学习能力。在个性化学习中，学生可以根据自己的兴趣和能力选择适合自己的学习内容和方式。而评估则能够让学生及时了解自己的学习成果和进步情况，从而激发他们的学习动力和自信心。通过结合个性化学习和评估，学生可以更加主动地参与学习过程，培养自主学习能力，为未来的学习和发展奠定坚实基础。

（二）个性化学习与评估结合的策略

在小学数学教育中，个性化学习与评估的结合需要采取一系列有效的策略。以下是一些具体的策略建议。

1. 制定个性化的评估标准

传统的评估标准往往过于单一和笼统，难以准确反映学生的个体差异和学习需求。因此，在个性化学习中，教师需要制定个性化的评估标准。这些标准应该基于学生的实际情况和学习需求，包括学生的知识水平、能力水平、学习风格等方面。通过制定个性化的评估标准，教师可以更加准确地了解学生的学习情况，为他们提供更有针对性的学习方案。

2. 采用多样化的评估方法

在个性化学习中，学生的学习方式和内容具有多样性。因此，评估方法也应该多样化，以适应不同学生的学习需求。教师可以采用笔试、口试、观察、作品展示等多种评估方法，全面了解学生的学习成果和进步情况。同时，教师还可以结合学生的自我评价和同伴评价，形成多元化的评价体系，更加全面地反映学生的学习情况。

3. 及时反馈和调整学习方案

在个性化学习中，教师需要及时给予学生反馈和指导，帮助他们了解自己的学习情况和进步情况。同时，教师还需要根据评估结果及时调整学习方案，确保教学方案与学生实际情况相匹配。通过及时反馈和调整学习方案，教师可以更好地满足学生的个性化学习需求，提高教学效果。

4. 注重过程性评估

在个性化学习中，学生的学习过程和学习方法同样重要。因此，教师需要注重过程性评估，关注学生的学习过程和方法。通过观察学生的学习过程、记录学生的学习行为、分析学生的学习数据等方式，教师可以更深入地了解学生的学习情况，为他们提供更具体、更针对性的指导。同时，过程性评估也有助于教师发现学生在学习过程中存在的问题和困难，及时调整教学策略和方法，帮助学生克服困难、取得进步。

5. 建立学生个性化学习档案

为了更好地了解每个学生的学习情况和发展变化，教师可以为学生建立个性化学习档案。这些档案可以包括学生的学习目标、学习计划、学习成果、评估记录等内容。通过建立个性化学习档案，教师可以更加全面地了解学生的学习情况和发展变化，为他们提供更具体、更个性化的学习方案。同时，个性化学习档案也有助于学生自我反思和总结自己的学习经验和方法，提高他们的自主学习能力和学习效果。

在小学数学教育中，个性化学习与评估的结合是提升教学效果、促进学生个性化发展的关键。通过制定个性化的评估标准、采用多样化的评估方法、及时反馈和调整学习方案、注重过程性评估和建立学生个性化学习档案等策略，我们可以更好地实现个性化学习与评估的有效结合，为小学数学教学提供科学、准确的指导。

三、个性化评估工具的设计

在小学数学教育中，个性化评估工具的设计对于实现精准评估和有效指导具有重要意义。通过设计合理的个性化评估工具，教师可以更准确地了解学生的学习情况，为他们提供更有针对性的学习建议，从而促进学生个性化发展。

（一）个性化评估工具设计的理论基础

个性化评估工具的设计需建立在坚实的理论基础上。首先，教育测量理论为个性化评估工具的设计提供了科学依据。教育测量理论关注测量的准确性、可靠性和有效性，为评估工具的设计提供了方法论指导。其次，学习科学理论也为个性化评估工具的设计提供了重要支持。学习科学理论关注学习的本质和过程，强调学习的个性化、情境化和协作性，为评估工具的设计提供了实践指导。

在小学数学教育中，个性化评估工具的设计应遵循以下原则：一是以学生为中心，关注学生的个体差异和学习需求；二是以目标为导向，明确评估的目的和指标；三是以数据为驱动，运用现代信息技术收集、分析和处理评估数据；四是以反馈为手段，为学生提供及时、具体的反馈和建议。

（二）个性化评估工具的设计策略

在个性化评估工具的设计过程中，需要采取一系列有效的策略。以下是一些具体的策略建议。

1. 明确评估目标和指标

个性化评估工具的设计应首先明确评估的目标和指标。评估目标应具体、明确，与教学目标和学生发展目标相一致。评估指标应多元化、综合化，包括知识掌握、能力发展、情感态度等多个方面。通过明确评估目标和指标，可以确保评估工具的有效性和针对性。

2. 设计多样化的评估任务

个性化评估工具应设计多样化的评估任务，以适应不同学生的学习需求。评估任务可以包括选择题、填空题、应用题等多种类型，也可以结合学生的实际情况设计具有挑战性的任务。通过多样化的评估任务，可以全面了解学生的学习情况和发展潜力。

3. 运用现代信息技术手段

在个性化评估工具的设计中，应充分运用现代信息技术手段。例如，可以运用智能算法对学生的学习数据进行分析和挖掘，发现学生的学习特点和潜在问题；可以运用虚拟现实、增强现实等技术为学生创造沉浸式的学习体验，提高评估的趣味性和有效性。通过运用现代信息技术手段，可以实现评估工具的智能化和个性化。

4. 注重学生的参与和反馈

个性化评估工具的设计应注重学生的参与和反馈。学生可以参与评估任务的设计和评价标准的制定过程，提高评估的针对性和可接受性。同时，学生也可以通过自我评估和同伴评估等方式参与评估过程，加深对自身学习情况的了解。教师应及时给予学生反馈和建议，帮助他们发现问题、改进学习方法和提高学习效果。

5. 迭代优化评估工具

个性化评估工具的设计是一个迭代优化的过程。在设计过程中，教师应不断收集和分析学生的反馈数据，发现评估工具存在的问题和不足，并及时进行改进和优化。通过迭代优化评估工具，可以使其更加符合学生的实际需求和教学要求，提高评估的准确性和有效性。

（三）个性化评估工具的实践应用

个性化评估工具的设计不仅仅停留在理论层面，更重要的是要在实践中得到应用。在小学数学教育中，个性化评估工具的实践应用可以从以下几个方面入手。

1. 结合课堂教学

个性化评估工具可以与课堂教学紧密结合，为教师提供实时的学生学习数据。教师可以通过分析这些数据，了解学生的学习情况和发展趋势，及时调整教学策略和方法。同时，学生也可以通过个性化评估工具了解自己的学习情况，发现问题并寻求帮助。

2. 辅助作业管理

个性化评估工具可以辅助教师进行作业管理。教师可以通过设置个性化的作业任务和要求，为学生提供具有挑战性的学习机会。同时，个性化评估工具还可以自动收集和分析学生的作业数据，为教师提供有关学生作业情况的及时反馈。

3. 支持学生自主学习

个性化评估工具可以支持学生的自主学习过程。学生可以通过个性化评估工具了解自己的学习情况和发展方向，制定个性化的学习计划和目标。同时，个性化评估工具还可以为学生提供丰富的学习资源和支持服务，帮助他们解决学习中遇到的问题和困难。

综上所述，个性化评估工具的设计是小学数学教育中不可或缺的一部分。通过明确评估目标和指标、设计多样化的评估任务、运用现代信息技术手段、注重学生的参与和反馈以及迭代优化评估工具等策略，可以设计出符合学生实际需求和教学要求的个性化评估工具。这些工具在实践中得到了广泛应用，为小学数学教学提供了科学、准确的评估和指导。

四、个性化学习对教学效果的影响

在小学数学教育中，个性化学习作为一种新兴的教学模式，对教学效果产生了深远的影响。这种影响不仅体现在学生的知识掌握程度上，还涉及学生的学习动机、学习态度、学习方法以及整体学习能力的发展等多个方面。本部分将从多个维度深入剖析个性化学习对教学效果的具体影响。

（一）个性化学习对知识掌握程度的影响

个性化学习强调以学生为中心，尊重每个学生的个体差异和学习需求。在这种教学模式下，教师会根据学生的实际情况和学习特点，为他们提供个性化的学习资源和教学支持。这种针对性的教学方式有助于学生更好地理解和掌握知识，提高学习效果。

首先，个性化学习能够确保每个学生都能得到适合自己的学习资源和教学支持。在传统的教学模式中，教师往往采用统一的教学方法和教学资源，难以兼顾每个学生的个体差异。而个性化学习则能够根据每个学生的实际情况和学习特点，为他们提供量身定制的学习方案。这种学习方式能够更好地满足学生的学习需求，使他们能够在适合自己学习节奏的情况下逐步掌握知识。

其次，个性化学习能够激发学生的学习兴趣和动力。在传统的教学模式中，学生往往被动接受知识，缺乏学习的主动性和积极性。而个性化学习则能够根据学生的兴趣和需求，为他们提供有趣、有挑战性的学习任务。这种学习方式能够激发学生的学习兴趣和动力，使他们更加主动地参与到学习过程中来，提高学习效果。

最后，个性化学习能够提供及时、具体的反馈和建议。在个性化学习中，教师可以通过各种评估工具和技术手段，及时了解学生的学习情况和发展趋势。同时，教师还能够根据评估结果为学生提供具体、有针对性的反馈和建议。这种及时的反馈和建议能够帮助学生及时发现问题、改进学习方法、提高学习效果。

（二）个性化学习对学生学习动机和学习态度的影响

除了对知识掌握程度的影响外，个性化学习还对学生的学习动机和学习态度产生了积极的影响。

首先，个性化学习能够激发学生的学习动机。在个性化学习中，学生可以根据自己的兴趣和需求选择适合自己的学习内容和任务。这种自主性的学习方式能够激发学生的学习兴趣和动机，使他们更加主动地参与到学习过程中来。同时，个性化学习还能够为学生提供多样化的学习资源和支持服务，帮助他们解决学习中遇到的问题和困难，进一步激发他们的学习动力。

其次，个性化学习能够改善学生的学习态度。在传统的教学模式中，学生往往被动接受知识，缺乏学习的主动性和积极性。而个性化学习则能够让学生更加主动地参与到学习过程中来，通过学生自主选择学习内容和任务、自主制定学习计划和目标等方式，培养他们的自主学习能力和责任感。这种自主性的学习方式能够改善学生的学习态度，使他们更加积极、主动地面对学习中的挑战和困难。

（三）个性化学习对学生学习方法的影响

个性化学习还对学生的学习方法产生了积极的影响。在个性化学习中，教师会引导学生根据自己的学习特点和需求选择合适的学习方法。这种针对性的学习方式能够帮助学生更好地理解和掌握知识，提高学习效果。同时，个性化学习还能够培养学生的自主学习能力，使他们能够根据自己的学习情况和需求自主调整学习方法和策略。这种自主性的学习方式能够帮助学生形成有效的学习方法和习惯，为未来的学习和发展奠定坚实的基础。

（四）个性化学习对学生整体学习能力的影响

个性化学习对学生整体学习能力的影响是深远的。通过个性化的学习资源和教学支持，学生能够更全面地发展自己的各项能力，如逻辑思维能力、创新能力、批判性思维能力等。这些能力的提升不仅有助于学生在数学学科中取得更好的成绩，还能够为他们的全面发展打下坚实的基础。同时，个性化学习还能够培养学生的自主学习能力和合作学习能力，使他们能够在未来的学习和工作中更好地适应变化和面对挑战。

第七章　教师角色与家校合作

在小学数学教育中，教师扮演着至关重要的角色。他们不仅是知识的传授者，更是学生成长的引路人。随着教育理念的更新和教学方法的变革，教师的角色也在不断地演变和发展。本章将重点探讨教师在小学数学教育中的角色定位，以及家校合作在促进学生全面发展中的重要作用。

第一节　数学教师的专业素养与责任

在小学数学教育中，数学教师的专业素养与责任直接关系到学生的学习效果和成长发展。一个具备专业素养的数学教师，不仅能够有效地传授数学知识，还能够激发学生的学习兴趣，培养学生的数学思维能力。

一、数学教师专业素养的构成

数学教师的专业素养是一个多维度的概念，包括专业知识、教学能力、教育理念以及职业态度等多个方面。

（一）扎实的专业知识

作为数学教师，首先必须具备扎实的数学专业知识。这包括数学基础知识、数学思想和方法的掌握，以及数学史和数学文化的了解。只有具备了这些专业知识，教师才能够在教学中游刃有余，为学生提供准确、深入的数学知识。

在小学数学教育中，数学教师的专业知识尤为重要。他们需要根据学生的年龄特点和认知水平，将复杂的数学知识转化为易于理解的形式，帮助学生逐步建立数学知识体系。同时，数学教师还需要关注数学与其他学科的联系，培养学生的跨学科思维和综合素质。

（二）卓越的教学能力

除了专业知识外，数学教师还需要具备卓越的教学能力。这包括教学设计、课堂组织、教学方法选择以及教学评价等多个方面。

在教学设计方面，数学教师需要根据教学目标和学生需求，设计合理的教学方案和活动。他们需要关注学生的学习过程，确保学生能够充分参与到课堂中来，实现知识的有效传授。

在课堂组织方面，数学教师需要具备良好的课堂管理能力。他们需要维持课堂秩序，确保学生能够在一个安静、有序的环境中学习。同时，数学教师还需要关注学生的个性差异，为每个学生提供适合他们的学习资源和支持。

在教学方法选择方面，数学教师需要灵活运用多种教学方法和手段。他们需要根据学生的实际情况和学习特点，选择合适的教学方法来激发学生的学习兴趣和动力。例如，教师可以通过游戏化教学、探究式学习等方式来引导学生主动探索数学知识，提高他们的学习效果。

在教学评价方面，数学教师需要关注学生的学习过程和结果，及时给予反馈和建议。他们需要运用多种评价方式和手段来全面了解学生的学习情况和发展趋势，为他们的后续学习提供有针对性的指导。

（三）先进的教育理念

数学教师的教育理念对于他们的教学实践和效果具有重要影响。一个具备先进教育理念的数学教师，能够更好地理解学生的需求和特点，为他们提供更优质的教育服务。

在小学数学教育中，数学教师需要关注学生的全面发展。他们不仅要关注学生的知识掌握程度，还要关注他们的情感态度、学习策略以及实践能力等方面的发展。同时，数学教师还需要关注学生的个体差异和多样性，为每个学生提供个性化的学习支持和服务。

此外，数学教师还需要关注教育的社会价值和意义。他们需要认识到教育不仅仅是知识的传授，更是对学生综合素质和能力的培养。因此，他们需要在教学实践中注重培养学生的创新精神、实践能力和社会责任感等方面的素质。

二、数学教师在教学中的角色与责任

在小学数学教学中，数学教师的角色与责任是多重而复杂的。他们不仅是知识的传授者，更是学生数学思维能力培养的引导者，学习方法的指导者，以及学习情感的激发者。每个角色都承载着特定的责任，这些责任共同构成了数学教师在教学中的完整职责。

（一）知识传授者的角色与责任

在小学数学教学中，数学教师首先扮演着知识传授者的角色。他们需要具备扎实的数学专业知识，能够准确、清晰地讲解数学概念、原理和公式。同时，他们还需要关注数学知识的实际应用，将抽象的数学知识与具体的生活情境相结合，帮助学生理解数学知识的意义和价值。

作为知识传授者，数学教师的责任不仅在于传授数学知识本身，更在于培养学生对数学学习的兴趣和热情。他们需要通过生动有趣的教学方式和手段，激发学生的好奇心和求知欲，使他们在轻松愉快的氛围中学习数学知识。

此外，数学教师还需要关注学生的知识掌握情况，及时了解学生的学习困难和问题，并提供针对性的帮助和指导。他们需要通过课堂测试、作业批改等方式，了解学生的学习进度和水平，为后续的教学提供参考和依据。

（二）数学思维能力培养引导者的角色与责任

除了知识传授者的角色外，数学教师还是学生数学思维能力培养的引导者。他们需要通过各种教学活动和练习，帮助学生建立数学思维框架，培养他们的逻辑思维、空间想象和问题解决等能力。

作为数学思维能力培养的引导者，数学教师的责任在于激发学生的思维潜能，帮助他们掌握数学思维的方法和技巧。他们需要通过设计具有挑战性和启发性的数学问题，引导学生主动思考、积极探究，培养他们的数学思维能力。

同时，数学教师还需要关注学生的思维品质，注重培养他们的独立思考、创新思维和批判性思维等能力。他们需要鼓励学生提出自己的见解和想法，尊重他们的个性和差异，为他们提供一个自由、开放的学习环境。

（三）学习方法指导者的角色与责任

在小学数学教学中，数学教师还需要扮演学习方法指导者的角色。他们需要关注学生的学习方法和习惯，为他们提供科学、合理的学习方法和策略。

作为学习方法的指导者，数学教师的责任在于帮助学生掌握有效的学习方法，提高他们的学习效率和质量。他们可以通过课堂讲解、示范演练等方式，向学生传授学习方法和技巧，帮助他们建立正确的学习观念和习惯。

同时，数学教师还需要关注学生的学习反馈和效果，及时调整和完善教学方法和策略。他们需要与学生建立良好的沟通和互动关系，了解他们的学习需求和困惑，为他们提供个性化的学习指导和支持。

（四）学习情感激发者的角色与责任

在小学数学教学中，数学教师还需要扮演学习情感激发者的角色。他们需要关注学生的情感体验和心理健康，为他们营造一个积极、和谐的学习氛围。

作为学习情感的激发者，数学教师的责任在于激发学生的学习情感和动力，帮助他们建立自信、乐观的学习态度。他们可以通过表扬、鼓励等方式，肯定学生的努力和进步，增强他们的自信心和成就感。

同时，数学教师还需要关注学生的学习压力和焦虑情绪，为他们提供心理支持和帮助。他们可以通过与学生谈心、倾听他们的心声等方式，了解他们的心理需求和困惑，为他们提供有效的心理援助和支持。

综上所述，数学教师在教学中的角色与责任是多重而复杂的。他们需要扮演知识传授者、数学思维能力培养的引导者、学习方法的指导者以及学习情感的激发者等多个角色，并承担相应的责任。这些角色和责任共同构成了数学教师在教学中的完整职责，也是他们实现教学价值和使命的重要途径。

三、数学教师专业发展的途径

数学教师的专业发展是一个持续不断的过程，需要教师不断地学习、实践、反思和创新。为了提升数学教师的专业素养和教学能力，以下将探讨几种有效的专业发展途径。

（一）系统学习与专业培训

系统学习与专业培训是数学教师专业发展的基础途径。教师可以通过参加各种数学教育培训课程、研讨会、讲座等活动，系统地学习最新的数学教育理念、教学方法和教学技能。这些学习机会不仅能够更新教师的数学知识体系，还能够拓宽他们的教学视野，提升他们的教学能力。

在参加系统学习与专业培训时，教师应该注重以下几点：首先，要选择合适的培训项目，确保培训内容符合自己的教学需求和兴趣；其次，要积极参与培训活动，认真听讲、做笔记、与同行交流，充分利用培训资源；最后，要将培训成果转化为教学实践，将所学知识和技能应用到实际教学中去。

（二）教学反思与自我提升

教学反思与自我提升是数学教师专业发展的重要途径。教师可以通过对教学实践的反思，总结教学经验和教训，发现自身存在的问题和不足，并寻求改进和提升的方法。这种反思过程不仅能够促进教师的自我成长和进步，还能够提高他们的教学质量和效果。

在进行教学反思时，教师应该注重以下几点：首先，要关注学生的学习需求和反馈，了解他们的学习困难和问题；其次，要审视自己的教学方法和策略，思考是否符合学生的认知特点和学科特点；最后，要总结教学经验和教训，提出改进和提升的建议和措施。

（三）开展教学研究与实践

开展教学研究与实践是数学教师专业发展的重要途径之一。教师可以通过参与课题研究、编写教材、开发教学资源等方式，将自己的教学实践与教学研究相结合，形成具有个人特色的教学风格和理念。这种研究过程不仅能够提升教师的专业素养和教学能力，还能够促进他们的专业发展和成长。

在开展教学研究与实践时，教师应该注重以下几点：首先，要关注数学学科的前沿动态和发展趋势，了解最新的教育理念和教学技术；其次，要结合自己的教学实践和兴趣点，选择适合的研究课题和方向；最后，要注重研究成果的转化和应用，将研究成果应用到实际教学中去，提高教学效果和质量。

（四）建立专业社群与交流平台

建立专业社群与交流平台是数学教师专业发展的重要支持。教师可以通过加入各种数学教育组织、参加学术会议、建立个人博客或社交媒体账号等方式，与同行进行交流和分享。这种交流过程不仅能够拓宽教师的专业视野和知识面，还能够促进他们的思维碰撞和灵感激发。

在建立专业社群与交流平台时，教师应该注重以下几点：首先，要选择适合自己的专业社群和交流平台，确保能够与同行进行有效的交流和分享；其次，要积极参与社群活动和交流讨论，发表自己的观点和看法，与同行进行互动和合作；最后，要注重与同行的联系和沟通，建立长期的合作关系和友谊。

（五）持续更新专业知识与技能

持续更新专业知识与技能是数学教师专业发展的必要条件。随着数学学科的不断发展和教育技术的不断更新，教师需要不断地学习新的知识和技能，以适应时代的发展和教学的需求。这种持续学习的过程不仅能够提升教师的专业素养和教学能力，还能够保持他们的教学活力和创新力。

在持续更新专业知识与技能时，教师应该注重以下几点：首先，要关注数学学科的前沿动态和发展趋势，了解最新的数学知识和技术；其次，要参加各种数学教育培训课程和研讨会等活动，学习新的教学理念和教学方法；最后，要注重将所学知识和技能应用到实际教学中去，不断探索和尝试新的教学模式和方法。

综上所述，数学教师专业发展的途径是多种多样的。教师可以通过系统学习与专业培训、教学反思与自我提升、开展教学研究与实践、建立专业社群与交流平台以及持续更新专业知识与技能等途径，不断提升自己的专业素养和教学能力，实现个人的专业发展和成长。

四、数学教师对学生学习的影响

在小学数学教育领域中，数学教师的角色至关重要，他们不仅传授知识，更在学生的学习过程中扮演着引导、激励和塑造等多重角色。数学教师的专业素养、教学方法以及对学生的态度等都会对学生学习产生深远的影响。

（一）数学教师对学生学习动机的影响

学习动机是推动学生学习的内部动力，而数学教师的言行举止和教学方法都会对学生的学习动机产生直接或间接的影响。

首先，数学教师的专业素养和教学热情能够激发学生的学习兴趣。一个对数学充满热情、知识渊博的教师，往往能够以其深厚的数学功底和精湛的教学技巧，将枯燥的数学知识变得生动有趣，从而激发学生的学习兴趣和好奇心。

其次，数学教师的教学方法也会影响学生的学习动机。例如，采用启发式、探究式等教学方法的教师，能够引导学生进行独立思考和自主探究，让学生在解决问题的过程中感受到数学的魅力和乐趣，从而增强他们的学习动力。

再次，数学教师的评价和反馈也是影响学生学习动机的重要因素。正面的评价和反馈能够增强学生的自信心和成就感，激发他们的学习热情；而负面的评价和反馈则可能使学生产生挫败感和焦虑情绪，影响他们的学习动力。

（二）数学教师对学生学习方法的影响

学习方法是影响学生学习效果的关键因素之一，而数学教师的教学方法和指导策略会直接影响学生的学习方法。

首先，数学教师可以通过示范和讲解等方式，向学生传授有效的学习方法和策略。例如，教师可以教授学生如何制订学习计划、如何进行有效的复习和预习、如何解决数学问题等。这些学习方法和策略能够帮助学生更好地掌握数学知识，提高学习效率。

其次，数学教师还可以通过引导和鼓励等方式，帮助学生形成适合自己的学习方法。每个学生的认知特点和兴趣爱好都不同，因此适合他们的学习方法也会有所不同。教师可以通过观察学生的学习过程和表现，发现他们的学习特点和问题，并提供针对性的指导和建议，帮助他们形成适合自己的学习方法。

再次，数学教师还可以通过提供多样化的学习资源和环境，鼓励学生进行自主学习和探究学习。例如，教师可以利用多媒体技术、网络资源等现代教学手段，为学生提供丰富的学习资源和信息；同时，教师还可以鼓励学生参加数学竞赛、数学社团等课外活动，拓宽他们的数学视野和知识面。

（三）数学教师对学生数学思维能力的影响

数学思维能力是数学学科的核心素养之一，而数学教师的专业素养和教学方法会直接影响学生的数学思维能力。

首先，数学教师可以通过讲解和示范等方式，向学生传授数学思维的基本方法和技巧。例如，教师可以教授学生如何进行逻辑推理、归纳分类、化归等数学思维方法；同时，教师还可以通过解题示范和案例分析等方式，帮助学生理解和掌握数学思维的运用方法和技巧。

其次，数学教师还可以通过引导和启发等方式，帮助学生培养数学思维的灵活性和创造性。数学思维不仅要求学生掌握基本的思维方法，更要求他们能够在不同的情境下灵活运用这些方法解决问题。教师可以通过设计具有挑战性和启发性的数学问题，引导学生从不同的角度和层面思考问题，培养他们数学思维的灵活性和创造性。

再次，数学教师还可以通过鼓励学生进行数学交流和合作，促进他们的数学思维能力的发展。数学交流可以帮助学生分享自己的数学见解和解题经验，拓宽他们的数学视野和思路；同时，数学合作可以帮助学生共同解决数学问题，培养他们的团队协作能力和数学交流能力。

综上所述，数学教师对学生学习的影响是深远的。他们不仅通过传授知识来影响学生的学习效果，更通过影响学生的学习动机、学习方法和数学思维能力等方面，对学生的全面发展产生重要影响。因此，数学教师应该注重提升自身的专业素养和教学能力，更好地发挥自己在学生学习过程中的重要作用。

第二节　构建有效的师生家庭三方沟通机制

在小学数学教育中，构建有效的师生家庭三方沟通机制是促进学生全面发展的关键一环。这一机制不仅有助于教师更好地了解学生的学习情况和家庭背景，还能为家长提供参与教育活动的机会，共同促进学生的学习进步和全面发展。

一、师生家庭三方沟通的重要性

（一）促进教育信息的共享与整合

师生家庭三方沟通机制的重要性首先体现在教育信息的共享与整合上。在小学数学教育中，教师、学生和家长各自扮演着不同的角色，拥有不同的教育信息和资源。通过构建有效的沟通机制，教师可以及时将学生的学习情况、教学进度和教学方法等信息反馈给家长，家长也能将孩子的家庭学习情况和心理状态等信息反馈给教师。这种双向的信息交流有助于教育信息的共享和整合，使教师、学生和家长能够更全面地了解学生的学习状况和需求，为学生的学习提供更有针对性的支持和帮助。

（二）加强家校合作的深度与广度

师生家庭三方沟通机制还有助于加强家校合作的深度与广度。家校合作是小学数学教育中不可或缺的一部分，它能够促进教师和家长之间的互相理解和信任，共同为学生的学习和发展创造良好的环境。通过构建有效的沟通机制，教师可以与家长建立密切的联系，共同制定学生的学习计划和目标，共同解决学生在学习过程中遇到的问题。同时，家长也可以积极参与学校的教育活动，了解学校的教育理念和教学特色，为学校的发展提供支持和帮助。这种深度的家校合作有助于提升教育效果，促进学生的全面发展。

（三）优化学生的学习环境与心理状态

师生家庭三方沟通机制还能够优化学生的学习环境与心理状态。在小学数学教育中，学生的学习环境和心理状态对于学习效果和兴趣培养具有重要影响。通过构建有效的沟通机制，教师可以了解学生在家庭中的学习环境和生活习惯等信息，为学生提供更加符合他们需求的教学方法和策略。同时，家长也可以通过与教师的沟通了解孩子在学校的学习情况和心理状态等信息，为孩子提供更加有针对性的支持和帮助。这种优化的学习环境与心理状态有助于提升学生的学习效果和兴趣培养，促进他们的全面发展。

（四）提升小学数学教育的整体质量

师生家庭三方沟通机制对于提升小学数学教育的整体质量也具有重要作用。通过构建有效的沟通机制，教师可以更加全面地了解学生的学习情况和需求，为教学提供更加精准的指导。同时，家长也可以更加深入地了解学校的教育理念和教学特色，为学校的发展提供支持和帮助。这种互动和合作有助于提升小学数学教育的整体质量，使教育更加符合学生的需求和社会的期望。

因此，构建有效的师生家庭三方沟通机制对于小学数学教育具有至关重要的作用。它不仅能够促进教育信息的共享与整合、加强家校合作的深度与广度、优化学生的学习环境与心理状态，还能够提升小学数学教育的整体质量。所以，在小学数学教育中应该注重构建有效的师生家庭三方沟通机制，为学生的学习和发展创造更加良好的环境。

二、有效沟通机制的构建策略

在小学数学教育中，构建有效的师生家庭三方沟通机制是确保教育质量、促进学生全面发展的重要保障。为实现这一目标，需要制定并实施一系列具有针对性的构建策略。

（一）明确沟通目标，建立沟通框架

在构建有效沟通机制的过程中，首先需要明确沟通的目标和建立沟通的框架。沟通目标应具体、明确，包括促进学生学习进步、加强家校合作、优化学习环境等。沟通框架则应包括沟通的主体、内容、方式、频率等要素，确保沟通的有序进行。

在明确沟通目标时，需要充分考虑小学数学教育的特点和学生的实际需求。例如，对于学习困难的学生，沟通目标应侧重于帮助他们解决学习问题、提高学习效果；对于家长参与度不高的学生，沟通目标则应侧重于加强家校合作、提高家长参与度。同时，还需要考虑不同年级、不同学习阶段学生的特点，制定符合他们需求的沟通目标和框架。

（二）建立多元化的沟通渠道

为了实现有效的师生家庭三方沟通，需要建立多元化的沟通渠道。这些渠道可以包括面对面的家长会、电话沟通、微信或QQ等即时通讯工具、电子邮件等。不同的沟通渠道具有不同的特点和优势，应根据实际情况选择合适的沟通渠道。

例如，面对面的家长会可以为学生提供更直接、更全面的信息，有助于加强家校之间的互信和合作；电话沟通则具有即时性强的特点，可以及时解决学生在学习中遇到的问题；微信或QQ等即时通讯工具则可以实现随时随地的沟通，方便家长和教师之间的信息交流。同时，还需要注意保护学生的隐私和信息安全，避免泄露学生的个人信息。

（三）制订详细的沟通计划

为了确保沟通的有序进行，需要制订详细的沟通计划。沟通计划应包括沟通的时间、地点、内容、参与人员等要素，确保沟通的针对性和有效性。

在制订沟通计划时，需要充分考虑学生的学习情况和家庭背景等因素。例如，对于学习困难的学生，可以制订定期的辅导计划和反馈机制，及时与家长沟通学生的学习情况和问题；对于家长参与度不高的学生，可以制订针对性较强的家长参与计划，提高家长的参与度和满意度。同时，还需要注意沟通计划的灵活性和可调整性，根据实际情况进行调整和优化。

（四）加强沟通与反馈的及时性

在构建有效沟通机制的过程中，加强沟通与反馈的及时性至关重要。及时的沟通和反馈有助于及时发现和解决问题，提高教育质量和学生满意度。

为了确保沟通与反馈的及时性，需要建立相应的制度和机制。例如，可以规定教师在每次课后及时与家长沟通学生的学习情况和问题；同时，家长也可以随时向教师反馈学生的学习情况和需求。此外，还可以利用现代信息技术手段，如在线教育平台、移动应用等，实现更加便捷的沟通和反馈。

（五）提升教师的沟通能力和专业素养

在构建有效沟通机制的过程中，教师的沟通能力和专业素养是关键因素。教师的沟通能力和专业素养直接影响着沟通的效果和质量。

提升教师的沟通能力和专业素养，可以采取多种措施。首先，可以通过培训和学习等方式提高教师的专业素养和教学能力；其次，可以鼓励教师参加各种沟通和交流活动，提高他们的沟通能力和表达能力；最后，还可以建立相应的激励机制和评价机制，鼓励教师积极参与沟通工作并取得良好的效果。

（六）营造积极的沟通氛围和文化

在构建有效沟通机制的过程中，营造积极的沟通氛围和文化也是非常重要的。积极的沟通氛围和文化有助于促进师生家庭之间的互信和合作，提高沟通的效果和质量。

为了营造积极的沟通氛围和文化，可以采取多种措施。首先，可以建立相互尊重、平等交流的沟通原则；其次，可以鼓励师生家庭之间的交流和互动，增进彼此的了解和信任；最后，还可以通过举办各种活动等方式营造积极的沟通氛围和文化。

三、沟通中的障碍与解决策略

在构建师生家庭三方沟通机制的过程中，不可避免地会遇到各种沟通障碍。这些障碍可能来源于不同的文化背景、教育理念、沟通方式等方面，对沟通的效果和质量产生负面影响。因此，识别并克服这些障碍，是确保有效沟通机制顺利运行的关键。

（一）识别沟通障碍

1. 文化差异

不同的家庭可能具有不同的文化背景和价值观，这可能导致在沟通过程中出现理解偏差或误解。例如，一些家长可能更关注孩子的成绩和排名，而忽视了孩子的学习过程和心理状态；而教师则可能更关注孩子的学习方法和思维能力。

2. 教育理念差异

家长和教师之间可能存在教育理念上的差异。例如，一些家长可能更倾向于采用传统的教学方法，而教师则可能更倾向于采用现代化的教学方法。这种差异可能导致在教学方法和策略上产生分歧。

3. 沟通方式不当

沟通方式的选择和运用也可能成为沟通障碍。例如，一些家长可能不善于使用现代通讯工具进行沟通，而教师则可能更依赖于这些工具。此外，沟通时的语气、措辞等也可能影响沟通的效果。

4. 信息不对等

在沟通过程中，由于信息来源和获取方式的不同，可能导致信息不对等。例如，教师更了解学校的教学计划和资源，而家长则更了解孩子的家庭情况和学习环境。这种信息不对等可能导致在决策和计划上产生分歧。

（二）分析障碍成因

1. 文化背景的多样性

不同的家庭背景和文化传统导致了沟通中的文化差异。这种差异可能来自于地域、民族、宗教信仰等方面。

2. 教育经历的差异

家长和教师的教育经历不同，可能导致他们在教育理念和方法上存在差异。这些差异可能来自于不同的教育背景、教育阶段和教育目标等方面。

3. 沟通技巧的缺乏

一些家长和教师可能缺乏有效的沟通技巧，导致在沟通过程中出现误解或偏差。这可能是由于缺乏培训或经验不足等原因导致的。

4. 信息获取的局限性

在沟通过程中，由于信息来源和获取方式的限制，可能导致信息不对等。例如，家长可能无法及时获取学校的教学计划和资源信息，而教师也可能无法全面了解学生的家庭情况和学习环境。

（三）制定解决策略

1. 加强文化理解

通过加强文化理解和尊重，减少因文化差异导致的沟通障碍。教师可以了解不同家庭的文化背景和价值观，尊重家长的教育选择；家长也可以了解学校的教育理念和教学特色，支持学校的教育工作。

2. 促进教育理念交流

通过组织家长会、教育讲座等活动，促进家长和教师之间的教育理念交流。这有助于增进双方的了解和信任，减少因教育理念差异导致的沟通障碍。

3. 提升沟通技巧

通过培训和学习等方式提升家长和教师的沟通技巧。这包括学习如何选择合适的沟通方式、如何有效地表达观点和意见、如何倾听和理解对方的观点等。

4. 建立信息共享机制

通过建立信息共享机制，减少因信息不对等导致的沟通障碍。例如，学校可以定期向家长发布教学计划和资源信息，家长也可以向学校反馈孩子的家庭情况和学习环境等信息。这有助于双方更全面地了解彼此的需求和资源情况，制定更加符合实际的教育计划和策略。

（四）实施与评估

1. 实施解决策略

根据制定的解决策略，采取相应的措施进行实施。例如，组织家长会、教育讲座等活动促进教育理念交流；开展沟通技巧培训等活动提升家长和教师的沟通技巧；建立信息共享机制，减少信息不对等的情况。

2. 评估实施效果

通过定期评估实施效果，了解解决策略的有效性和可行性。这可以通过问卷调查、访谈等方式进行。如果评估结果显示存在问题或不足，需要及时调整和完善解决策略。

（五）持续优化与改进

1. 收集反馈意见

通过收集家长、教师和学生的反馈意见，了解他们对沟通机制的评价和建议。这有助于发现存在的问题和不足，为持续优化和改进提供依据。

2. 总结经验教训

在实施过程中总结经验教训，发现成功经验和不足之处。这有助于为未来的工作提供借鉴和参考。

3. 持续改进机制

根据收集到的反馈意见和总结经验教训，持续优化和改进沟通机制。这包括完善沟通渠道、提高沟通效率、加强信息共享等方面的工作。

四、沟通在教学中的作用

在教育过程中，沟通作为一种基本的交互方式，发挥着至关重要的作用。特别是在小学数学教育中，有效的沟通不仅有助于提高教学质量，还能促进学生的全面发展。以下将详细探讨沟通在教学中的作用及其具体体现。

（一）沟通对教学质量的影响

1. 促进教学信息的传递与理解

沟通是教学信息传递的桥梁。通过有效的沟通，教师可以将教学内容、目标、方法等关键信息准确地传递给学生，而学生也能将自己的学习情况、困惑等及时反馈给教师。这种双向的信息交流有助于双方更好地理解和把握教学进度和效果。

2. 增强学生的学习动机与兴趣

良好的师生关系是激发学生学习兴趣的重要因素之一。通过沟通，教师可以了解学生在兴趣爱好、学习风格等方面的个体差异，从而调整教学策略和方法，以满足学生的个性化需求。同时，教师的鼓励和肯定也能激发学生的学习动力，提高学习效果。

3. 提升教师的教学效能感

沟通还有助于提升教师的教学效能感。当教师能够与学生的沟通中感受到学生的进步和成长时，他们会更加自信地面对教学工作，并不断提升自己的教学能力和水平。这种正向的反馈循环有助于形成良性的教学氛围和效果。

（二）沟通对学生全面发展的影响

1. 培养学生的社交能力

沟通是社交能力的重要组成部分。在小学数学教育中，通过师生、生生之间的沟通交流，学生可以学习如何与他人建立良好的关系、如何表达自己的想法和观点、如何倾听他人的意见等社交技能。这些技能对于学生未来的学习和生活都具有重要意义。

2. 促进学生的情感发展

沟通还有助于促进学生的情感发展。在沟通过程中，学生可以感受到来自教师和同伴的关爱和支持，这种情感上的满足感和归属感有助于他们形成积极的情感态度和价值观。同时，通过沟通表达自己的情感和需求也有助于学生更好地认识自己和理解他人。

3. 提升学生的批判性思维能力

有效的沟通往往伴随着思考和讨论的过程。在小学数学教育中，教师可以通过引导学生参与课堂讨论、提出问题等方式培养学生的批判性思维能力。学生在参与沟通的过程中需要不断思考、分析和判断信息的真实性和合理性，这有助于他们形成独立思考和判断的能力。

（三）优化沟通策略以提升教学效果

1. 建立平等的师生关系

平等的师生关系是有效沟通的基础。教师应该尊重学生的个性差异和主体地位，以平等的态度与学生进行沟通交流。这有助于营造一种轻松、愉悦的学习氛围，让学生能够自由地表达自己的想法和观点。

2. 采用多样化的沟通方式

不同的学生具有不同的沟通需求和方式。教师应该根据学生的个体差异采用多样化的沟通方式如口头表达、书面表达、肢体语言等，以满足不同学生的沟通需求。同时教师还应该善于运用现代信息技术手段如网络平台、移动应用等拓宽沟通渠道提高沟通效率。

3. 注重沟通内容的针对性和实效性

沟通的内容应该具有针对性和实效性，以解决学生在学习中遇到的实际问题。教师应该根据学生的学习情况和需求制订具体的沟通计划，明确沟通的目标和内容，以确保沟通的针对性和实效性。同时教师还应该及时关注学生的反馈意见根据反馈结果调整沟通策略以提高沟通效果。

（四）沟通在教学中的挑战与应对

尽管沟通在教学中的作用十分重要，但在实际教学中仍然面临着一些挑战。例如，学生的个体差异较大，导致沟通难度增加；现代信息技术的快速发展使得沟通方式变得更加复杂多样。为了应对这些挑战教师需要不断提升自己的沟通能力和专业素养，积极探索有效的沟通策略和方法。同时学校和社会也应该为教师和学生提供必要的支持和帮助，共同推动教学沟通的有效开展。

第三节 家庭作业设计与反馈机制

在家庭教育和学校教育的衔接中，家庭作业作为一个重要的桥梁，不仅承载着知识传递的任务，还发挥着培养学生自主学习能力、促进家长参与教育等多重功能。因此，家庭作业设计与反馈机制的相关研究，对于提高小学数学教育质量具有重要意义。

一、家庭作业的目的与功能

家庭作业作为教学活动的重要组成部分，其目的和功能在于促进学生的全面发展。在小学数学教育中，家庭作业的目的与功能具体体现在以下几个方面。

（一）巩固课堂知识

家庭作业的首要目的是巩固学生在课堂上所学的知识。通过完成家庭作业，学生可以回顾和复习课堂内容，加深对知识点的理解和记忆。这种巩固作用有助于学生在后续的学习中更好地运用所学知识，形成扎实的知识基础。

（二）培养自主学习能力

家庭作业也是培养学生自主学习能力的重要途径。在完成家庭作业的过程中，学生需要独立思考、独立解决问题，这种过程能够锻炼他们的思维能力、解决问题的能力以及自主学习能力。这种能力的培养对于学生未来的学习和生活都具有重要意义。

（三）促进家长参与教育

家庭作业还能够促进家长参与教育。通过检查孩子的家庭作业，家长可以了解孩子在学校的学习情况，及时发现问题并与孩子共同解决。这种参与不仅能够增强家长的教育责任感，还能够促进家长与孩子之间的沟通和交流，增强家庭教育的效果。

（四）评估教学效果

家庭作业还能够作为教师评估教学效果的依据。通过批改学生的家庭作业，教师可以了解学生对课堂知识的掌握情况、解决问题的能力以及学习态度等方面的信息。这些信息有助于教师及时调整教学策略和方法，提高教学效果。

（五）家校共育的桥梁

家庭作业作为家校共育的桥梁，发挥着重要的连接作用。通过家庭作业，家长可以了解学校的教学计划和要求，与学校保持同步；同时，学校也可以通过家庭作业了解学生在家庭环境中的学习情况和需求，提供有针对性的指导和帮助。这种双向的沟通有助于形成家校共育的合力，促进学生的全面发展。

（六）数学素养的提升

在小学数学教育中，家庭作业在提升学生数学素养方面发挥着重要作用。数学素养不仅包括数学知识与技能，还包括数学思维、数学方法和数学态度等方面。通过设计具有挑战性和启发性的家庭作业，教师可以引导学生深入思考数学问题，培养他们的数学思维和解决问题的能力；同时，通过家庭作业中的实践应用环节，学生可以将数学知识与实际生活相联系，提高他们的数学应用能力和实践创新能力。

（七）个性化学习的支持

家庭作业也是支持个性化学习的重要手段。教师可以根据学生的个体差异和学习需求，设计不同难度和类型的家庭作业，以满足不同学生的学习需求。这种个性化的作业设计有助于激发学生的学习兴趣和积极性，提高他们的学习效率和自信心。同时，通过家庭作业中的自我评价和反思环节，学生可以了解自己的学习情况和学习风格，为后续的个性化学习提供指导。

二、家庭作业设计的基本原则

在家庭作业的设计中，遵循一定的原则至关重要，这些原则不仅有助于确保作业的有效性，还能促进学生对数学知识的理解与应用。以下将详细探讨家庭作业设计的基本原则及其在小学数学教育中的应用。

（一）目标性原则

家庭作业的设计应紧紧围绕教学目标进行，确保每一次作业都能有效地服务于教学目标的实现。在小学数学教育中，这意味着作业应涵盖学生需要掌握的数学知识点、技能和方法，并能够通过练习加深学生对这些内容的理解。同时，目标性原则还强调作业的针对性，即教师应根据学生的个体差异和学习需求，设计不同难度和类型的作业，以满足不同学生的学习需要。

例如，在教授“分数的认识”这一知识点时，教师可以设计以下家庭作业。

1. 基础题：让学生完成一系列关于分数大小比较、分数加减法的练习，以巩固他们对分数基本概念的理解。

2. 拓展题：对于学习能力较强的学生，教师可以设计一些涉及分数乘除法、分数与小数的转换等拓展性练习，以激发他们的学习兴趣和挑战性。

3. 实践应用题：结合生活实际，设计一些涉及分数应用的题目，如购物折扣、食谱配比等，让学生感受到数学在生活中的实际应用。

（二）启发性原则

启发性原则强调家庭作业应具有启发性和思考性，能够激发学生的数学思维能力和创新能力。在小学数学教育中，这意味着作业设计应注重问题的开放性和多解性，鼓励学生从不同角度思考问题，寻找多种解决问题的方法。同时，教师还可以通过设计一些具有挑战性的题目，激发学生的求知欲和探索欲，培养他们的数学兴趣和创新能力。

例如，在教授“图形的认识”时，教师可以设计以下具有启发性的家庭作业。

1. 创意画：让学生利用不同的图形（如三角形、正方形、圆形等）进行创意绘画，以培养学生的空间想象力和创造力。

2. 图形变换：让学生观察和研究图形的变换规律（如平移、旋转、翻折等），并尝试自己设计一些图形变换的题目或游戏，以锻炼他们的数学思维和创新能力。

3. 数学故事：让学生编写一个与图形相关的数学故事，通过故事情节的展开来介绍图形的性质和特点，以增强学生的数学兴趣和表达能力。

（三）适量性原则

适量性原则要求家庭作业的数量应适中，既不能过多也不能过少。过多的作业会给学生带来过大的学习压力，影响他们的身心健康和学习效果；而过少的作业则无法起到巩固知识和提高能力的作用。在小学数学教育中，教师应根据学生的年龄、学习负担和学科特点等因素，合理安排家庭作业的数量和难度。

为了确保作业的适量性，教师可以采取以下措施。

一是精简作业内容。去除重复性和机械性的练习题目，选择具有代表性的题目进行练习，以减轻学生的学习负担。

二是分层设计作业。根据学生的学习能力和需求，设计不同难度和类型的作业，让每个学生都能在适合自己的作业中得到提高。

三是定期评估调整。教师应定期对学生的家庭作业进行评估和分析，根据学生的学习情况及时调整作业的难度和数量。

（四）趣味性原则

趣味性原则强调家庭作业应具有趣味性和吸引力，能够激发学生的学习兴趣和积极性。在小学数学教育中，教师可以通过设计一些有趣味性的作业题目和形式来吸引学生的注意力，提高他们的学习动力。

为了实现趣味性原则，教师可以采取以下策略。

一是引入游戏元素。将数学游戏融入到家庭作业中，让学生在游戏中学习和掌握数学知识。

二是设计情境任务。通过创设具体的生活情境或故事情境来呈现数学问题和任务，让学生在情境中解决问题并体验数学的乐趣。

三是引入竞争机制。设置一些具有挑战性的数学竞赛或挑战题目，激发学生的竞争意识和求胜欲望，提高他们的学习动力。

（五）实践性原则

实践性原则要求家庭作业应具有一定的实践性，能够让学生在实践中应用数学知识解决实际问题。在小学数学教育中，教师可以通过设计一些实践性的作业题目来培养学生的数学应用能力和实践创新能力。

为了体现实践性原则，教师可以采取以下措施。

一是设计调查类作业。让学生利用数学知识进行简单的调查和分析活动，如调查家庭用电情况、分析购物优惠策略等。

二是设计制作类作业。让学生利用数学知识进行手工制作或模型制作活动，如制作钟表模型、设计简易测量工具等。

三是设计探究类作业。引导学生对某个数学问题或现象进行深入探究，如图形面积的计算方法、研究分数与小数的转换规律等。

总之，在设计小学数学家庭作业时，教师应遵循目标性、启发性、适量性、趣味性和实践性等基本原则，以确保作业的有效性和针对性。同时，教师还应关注学生的个体差异和学习需求，设计不同难度和类型的作业以满足不同学生的学习需要。通过科学合理的作业设计，教师可以更好地促进学生的全面发展并提高他们的数学素养。

三、家庭作业的反馈机制

在家庭作业的设计与实施过程中，反馈机制是不可或缺的一环。有效的反馈不仅能帮助学生了解自己的学习状况，还能促进他们进一步思考和改进。在小学数学教育中，建立科学、合理的家庭作业反馈机制尤为重要。以下将详细探讨家庭作业反馈机制的构建原则及其在小学数学教育中的应用。

（一）及时性反馈

及时性反馈是家庭作业反馈机制的首要原则。学生完成作业后，教师应尽快对作业进行批改，并及时给予学生反馈。这种及时的反馈可以让学生及时了解自己的学习状况，发现自己在学习中存在的问题，从而及时调整学习策略和方法。同时，及时性反馈也有助于教师及时了解学生的学习情况，为后续的教学提供有针对性的指导。

在小学数学教育中，及时性反馈可以通过以下方式实现。

一是当天批改并反馈。教师应尽量在当天内完成对学生作业的批改，并及时给予学生反馈。这样可以让学生尽快了解自己的学习状况，及时调整学习方向。

二是利用网络平台。教师可以利用网络平台（如学习管理系统、在线作业平台等）进行作业的批改和反馈。这些平台通常具有即时性强的特点，可以大大提高反馈的及时性。

三是个别辅导。对于在作业中存在较大问题的学生，教师可以进行个别辅导，为他们提供更具针对性的反馈和指导。

（二）针对性反馈

针对性反馈是家庭作业反馈机制的核心原则。教师在给予学生反馈时，应针对不同学生的不同情况进行有针对性的指导。这种针对性的反馈可以帮助学生更准确地了解自己的学习问题，从而更有效地改进和提高。

在小学数学教育中，针对性反馈可以通过以下方式实现。

一是分析学生作业。教师在批改学生作业时，应认真分析学生的解题思路、方法和过程，找出学生存在的问题和错误，并给出具体的指导和建议。

二是考虑学生个体差异。教师在给予学生反馈时，应充分考虑学生的个体差异，如学习能力、学习习惯、兴趣爱好等。对于不同学生，教师应给予不同的反馈和指导。

三是强调知识点掌握。在反馈中，教师应强调学生对数学知识点的理解和掌握情况。对于学生在作业中暴露出的知识点掌握不足的问题，教师应给予重点关注和指导。

（三）多元化反馈

多元化反馈是家庭作业反馈机制的重要原则。教师可以通过多种方式和渠道给予学生反馈，以满足不同学生的需求。这种多元化的反馈可以帮助学生从多个角度了解自己的学习情况，从而更全面地提高自己的数学素养。

在小学数学教育中，多元化反馈可以通过以下方式实现。

一是口头反馈。教师可以通过课堂讲解、个别辅导等方式给予学生口头反馈。这种反馈方式具有即时性强的特点，可以帮助学生及时了解自己的学习问题。

二是书面反馈。教师可以通过批改作业、写评语等方式给予学生书面反馈。这种反馈方式具有记录性强的特点，可以帮助学生更准确地了解自己的问题所在。

三是互动反馈。教师可以通过组织小组讨论、学生互评等方式实现互动反馈。这种反馈方式可以增强学生的参与感和主动性，促进他们之间的交流和合作。

（四）激励性反馈

激励性反馈是家庭作业反馈机制的重要补充。在给予学生反馈时，教师应注重激发学生的学习兴趣和积极性。这种激励性的反馈可以帮助学生树立信心，增强他们的学习动力。

在小学数学教育中，激励性反馈可以通过以下方式实现。

一是表扬与鼓励。对于在作业中表现出色的学生，教师应给予表扬和鼓励，以激发他们的学习动力。

二是奖励机制。教师可以设立奖励机制，对在作业中取得优异成绩或进步明显的学生给予奖励，以激励他们继续努力。

三是树立榜样。教师可以选取在作业中表现优秀的学生作为榜样，让其他学生向他们学习，从而营造良好的学习氛围。

总之，在小学数学教育中，建立科学、合理的家庭作业反馈机制至关重要。通过及时性反馈、针对性反馈、多元化反馈和激励性反馈等方式的有机结合，可以帮助学生及时了解自己的学习状况，提高学习效果，促进他们的全面发展。

四、家庭作业对学生学习成效的影响

在家庭教育与学校教育的交汇点上，家庭作业扮演着至关重要的角色。它不仅是学校教育向家庭延伸的桥梁，更是学生巩固知识、提高能力的有效手段。对于小学数学教育而言，家庭作业对学生学习成效的影响尤为显著。以下将从多个维度深入探讨家庭作业对小学数学学习成效的影响。

（一）家庭作业对学生数学成绩的影响

家庭作业是学生巩固数学知识、提高数学成绩的重要途径。通过完成家庭作业，学生可以加深对课堂知识的理解，掌握解题方法和技巧，提高数学运算和逻辑思维能力。同时，家庭作业还可以帮助学生发现自己的不足之处，从而有针对性地进行复习和巩固。

然而，家庭作业对学生数学成绩的影响并非绝对。一方面，适量的家庭作业能够提高学生的数学成绩，但过量的家庭作业则可能导致学生产生厌学情绪，反而降低学习效果。另一方面，家庭作业的难度和类型也会影响学生的学习效果。过于简单或重复的作业无法激发学生的学习兴趣，而过于复杂或难以理解的作业则可能让学生产生挫败感。

因此，教师在布置家庭作业时，应充分考虑学生的年龄、能力、兴趣和学科特点，合理安排作业的难度、数量和类型。同时，教师还应关注学生的个体差异，为不同学生提供个性化的作业指导。

（二）家庭作业对学生数学兴趣的影响

家庭作业不仅是学生巩固知识的手段，更是培养学生数学兴趣的重要途径。通过设计有趣、富有挑战性的家庭作业，教师可以激发学生的学习兴趣和好奇心，让他们在解决问题的过程中感受到数学的魅力和乐趣。

例如，教师可以设计一些与日常生活紧密相关的数学问题，让学生运用所学知识解决实际问题。这样的作业不仅能够提高学生的数学应用能力，还能够让学生感受到数学在生活中的重要性和实用性。此外，教师还可以设计一些具有探究性和开放性的数学问题，让学生自主探索、发现规律，从而培养他们的数学探究能力和创新精神。

然而，如果家庭作业设计不当，也可能导致学生对数学产生厌烦情绪。例如，过多的机械性练习、缺乏挑战性的题目、单调乏味的作业形式等都可能让学生感到枯燥乏味。因此，教师在设计家庭作业时，应注重作业的趣味性和挑战性，让学生在轻松愉快的氛围中学习数学。

（三）家庭作业对学生数学思维能力的影响

家庭作业不仅是学生巩固知识的手段，更是培养学生数学思维能力的重要途径。通过完成家庭作业，学生可以锻炼自己的逻辑思维、空间想象、分类归纳等数学思维能力。同时，家庭作业还可以帮助学生形成独立思考、自主学习的习惯，为未来的学习和发展奠定坚实的基础。

然而，家庭作业对学生数学思维能力的影响取决于多种因素。例如，作业的难度、类型、数量等都可能影响学生的思维过程。过于简单或重复的作业可能无法激发学生的思维活力，而过于复杂或难以理解的作业则可能让学生感到挫败和困惑。因此，教师在设计家庭作业时，应注重作业的层次性和梯度性，让学生逐步提高自己的数学思维能力。

此外，教师在批改家庭作业时，也应注重对学生思维过程的评价和指导。不仅要关注学生的答案是否正确，还要关注学生的思维过程是否合理、是否有创新点。对于学生在作业中暴露出的问题和不足，教师应给予及时的指导和帮助，引导他们发现自己的问题并加以改进。

总之，家庭作业对学生学习成效的影响是多方面的。教师在设计和布置家庭作业时，应充分考虑学生的年龄、能力、兴趣和学科特点，注重作业的趣味性、挑战性和层次性。同时，教师还应关注学生的个体差异和思维过程，为他们提供个性化的作业指导和帮助。只有这样，才能最大限度地发挥家庭作业在促进学生学习成效方面的作用。

第四节　共建教育共同体

在小学数学教育的实践中，传统的教育模式往往忽视了家庭、学校以及社区之间的紧密联系。然而，随着教育理念的不断更新，共建教育共同体成为了提升教育质量的重要途径。在这一节中，我们将深入探讨教育共同体的概念、意义以及在小学数学教育中的具体应用。

一、教育共同体的概念与意义

教育共同体是指由家庭、学校、社区等多个教育主体共同参与、共同构建的一种教育生态系统。在这个系统中，各主体之间通过有效的沟通和协作，共同承担教育责任，实现教育资源的优化配置，以促进学生的全面发展。

对于小学数学教育而言，共建教育共同体具有重要意义。首先，教育共同体可以打破传统教育模式的局限性，实现家庭、学校、社区之间的有机衔接。通过共同体的构建，家庭可以更好地了解和支持学校的教育工作，学校也可以更好地利用社区资源，为学生提供更加丰富多样的学习体验。其次，教育共同体可以激发学生的学习兴趣和积极性。在共同体的氛围中，学生可以感受到来自不同主体的关爱和支持，从而更加积极地参与到学习中来。同时，共同体中的多样化教育资源和活动也可以为学生提供更多的学习机会和挑战，激发他们的探索欲望和创新精神。最后，教育共同体还可以促进学生的全面发展。在共同体的构建过程中，各方主体会共同关注学生的身心健康、情感发展、道德品质等方面的培养，从而为学生提供更加全面、均衡的教育支持。

（一）家庭作为教育共同体的基础

在家庭教育方面，家长是孩子的第一任老师，也是教育共同体的重要组成部分。家庭教育对孩子的成长具有深远的影响。因此，在家庭教育中，家长应该树立正确的教育观念，关注孩子的兴趣和需求，为孩子提供良好的学习环境和资源。同时，家长还应该与学校保持密切的沟通和协作，共同关注孩子的成长和发展。

在小学数学教育中，家庭可以发挥重要作用。首先，家长可以协助孩子完成家庭作业，及时了解孩子的学习情况，并给予适当的指导和帮助。其次，家长可以引导孩子发现生活中的数学问题，培养他们的数学兴趣和应用能力。例如，家长可以带孩子去超市购物时，让孩子计算商品的价格和总价；在户外活动时，引导孩子观察形状、测量距离。这些活动不仅可以让孩子感受到数学的乐趣和实用性，还可以培养他们的观察能力和实践能力。

（二）学校作为教育共同体的核心

学校作为教育共同体的核心，承载着传授知识、培养能力的重要任务。在小学数学教育中，学校应该注重培养学生的数学素养和思维能力，为他们提供丰富多样的学习资源和活动。同时，学校还应该与家庭、社区保持密切的沟通和协作，共同构建教育共同体。

为了构建有效的教育共同体，学校可以采取以下措施。首先，加强与家长的沟通和联系。学校可以通过家长会、家访等方式了解家长的需求和意见，并及时向家长反馈孩子的学习情况。同时，学校还可以向家长传授教育方法和技巧，提高家庭教育的质量。其次，加强与社区的合作。学校可以利用社区资源开展数学实践活动和竞赛活动，提高学生的数学素养和应用能力。同时，学校还可以邀请社区成员参与学校的数学教育和活动，增强社区对教育的支持。最后，加强学校内部的合作和协调。学校应该建立跨学科、跨年级的教研团队和协作机制，共同研究和解决教学中的问题。同时，学校还应该关注学生的个体差异和需求，为他们提供个性化的教育支持。

（三）社区作为教育共同体的延伸

社区作为教育共同体的延伸部分，可以为学校和学生提供更多的教育资源和支持。在小学数学教育中，社区可以通过开展数学文化活动、数学竞赛等方式激发学生的学习兴趣和积极性。同时，社区还可以为学生提供实践机会和平台，帮助他们将数学知识应用到实际生活中去。

为了充分发挥社区在教育共同体中的作用，可以采取以下措施。首先，加强社区与学校的合作和联系。社区可以定期与学校开展交流活动，了解学校的教育需求和资源情况，并为学校提供必要的支持和帮助。同时，社区还可以邀请学校的师生参与社区的文化活动和志愿服务等活动，增强社区与学校的互动和合作。其次，加强社区内部的协作和资源整合。社区可以建立数学文化协会、数学竞赛组委会等机构和组织，统筹协调社区内部的数学教育和文化活动。同时，社区还可以利用自身的资源和优势，为学生提供更加多样化、个性化的学习机会和实践平台。最后，加强社区与家长的沟通和联系。社区可以通过家长会、家庭教育讲座等方式向家长传授教育方法和技巧，提高家庭教育的质量。同时，社区还可以为家长提供必要的支持和帮助，共同关注孩子的成长和发展。

二、教育共同体的构建策略

在深入探讨教育共同体对于小学数学教育的重要性之后，我们将转向具体的构建策略。教育共同体的构建并非一蹴而就，而是需要家庭、学校、社区等多方主体共同参与、协同努力的复杂过程。以下，我们将从多个维度探讨教育共同体的构建策略。

（一）明确教育共同体的目标和愿景

在教育共同体的构建过程中，首先需要明确共同体的目标和愿景。这不仅仅是一个口号或标语，而是所有参与者对于教育共同体未来发展的共同期待和追求。对于小学数学教育而言，我们可以将教育共同体的目标和愿景设定为：通过家庭、学校、社区的紧密合作，共同打造一个充满关爱、富有挑战、富有创新的数学学习环境，让每一个孩子都能在这里找到属于自己的数学之路，实现全面而有个性的发展。

（二）建立有效的沟通机制

沟通是教育共同体构建的关键。在家庭、学校、社区之间建立有效的沟通机制，是确保各方能够及时了解彼此的需求、问题和挑战，共同商讨解决方案的基础。为此，我们可以采取以下措施。

首先定期组织家长会，让家长了解学校的教育教学计划、课程安排、学生的学习情况等信息，同时听取家长的意见和建议。

其次建立学校与社区的联系机制，邀请社区成员参与学校的数学教育和活动，共同为学生提供多样化的学习机会和实践平台。

再次利用现代信息技术手段，如建立家长微信群、学校网站等，方便家长、社区与学校之间的沟通和交流。

（三）制订切实可行的行动计划

有了明确的目标和愿景以及有效的沟通机制，接下来就需要制订切实可行的行动计划。行动计划应该包括以下几个方面。

1. 教学内容和方法的改革

学校应该注重培养学生的数学素养和思维能力，采用多样化的教学方法和手段，激发学生的学习兴趣和积极性。同时，学校还应该加强与家长的沟通和合作，共同关注学生的数学学习情况，及时调整教学策略。

2. 资源的整合和优化

学校应该充分利用家庭、社区等外部资源，为学生提供更加丰富多样的学习机会和实践平台。同时，学校还应该加强内部资源的整合和优化，提高教育资源的利用效率和效果。

3. 活动的组织和开展

学校可以组织各种数学竞赛、实践活动等，让学生在实践中学习和成长。同时，学校还可以邀请家长、社区成员参与活动的组织和开展，增强活动的吸引力和影响力。

（四）加强师资培训和团队建设

在教育共同体的构建过程中，教师的角色和作用至关重要。因此，加强师资培训和团队建设是构建教育共同体的重要保障。具体而言，我们可以采取以下措施。

首先定期组织教师培训活动，提高教师的专业素养和教学能力。培训内容包括教育理念、教学方法、课程资源开发等方面。

其次加强教师之间的交流和合作，建立跨学科、跨年级的教研团队和协作机制。通过共同研究和解决教学中的问题，提高教师的专业素养和教学能力。

再次鼓励教师参与社区服务和志愿活动，增强教师的社会责任感和使命感。同时，通过参与社区活动，教师也可以更好地了解社区的需求和资源情况，为教育共同体的构建提供有力支持。

（五）建立有效的评价机制

在教育共同体的构建过程中，建立有效的评价机制是确保共同体能够持续发展的关键。评价机制应该包括以下几个方面。

1. 对学生的评价

学校应该建立全面的学生评价机制，关注学生的学习成果、学习过程、情感态度等方面的发展情况。同时，学校还应该加强与家长的沟通和合作，共同关注孩子的成长和发展。

2. 对教师的评价

学校应该建立科学的教师评价机制，关注教师的教学能力、专业素养、师德师风等方面的发展情况。通过评价结果的反馈和指导，帮助教师不断提高自己的教学水平和能力。

3. 对教育共同体的评价

学校应该建立对教育共同体的评价机制，关注共同体的建设情况、运行效果、社会影响等方面的发展情况。通过评价结果的反馈和指导，及时调整和完善共同体的建设策略和运行机制。

综上所述，教育共同体的构建是一个复杂而长期的过程，需要家庭、学校、社区等多方主体共同参与、协同努力。通过明确目标和愿景、建立有效的沟通机制、制订切实可行的行动计划、加强师资培训和团队建设以及建立有效的评价机制等策略的实施，我们可以共同打造一个充满关爱、富有挑战、富有创新的数学学习环境，让每一个孩子都能在这里找到属于自己的数学之路，实现全面而有个性的发展。

三、教育共同体在数学教学中的应用

随着教育理念的更新和教学模式的转型，教育共同体作为一种新型的教育组织形式，逐渐在小学数学教学中展现出其独特的价值和优势。本部分将深入探讨教育共同体在数学教学中的应用，以期为教学实践提供新的思路和策略。

（一）教育共同体在数学教学资源整合中的应用

在小学数学教学中，资源的丰富性和多样性对于提高教学质量和效果至关重要。教育共同体作为一个由家庭、学校、社区等多方主体组成的教育生态系统，可以为数学教学提供丰富多样的资源支持。具体而言，教育共同体在数学教学资源整合中的应用体现在以下几个方面。

1. 家庭资源的引入

家庭作为教育共同体的基础，拥有丰富的教育资源。家长可以参与数学教学，分享自己的数学知识和经验，为学生提供个性化的辅导和支持。同时，家长还可以利用家庭环境，创设数学学习的实践场景，让学生在生活中感受数学的魅力和应用价值。

2. 学校资源的优化

学校作为教育共同体的核心，拥有专业的教学团队和丰富的教学资源。通过教育共同体的构建，学校可以加强内部资源的整合和优化，提高教育资源的利用效率和效果。例如，学校可以组织跨学科的教研团队，共同研究和开发数学课程；可以建立数学实验室或数学角，为学生提供多样化的学习体验和实践机会。

3. 社区资源的拓展

社区作为教育共同体的延伸，可以为数学教学提供更为广阔的资源支持。社区中的图书馆、科技馆、博物馆等机构拥有丰富的数学图书和展览资源，可以为学生提供更加深入和全面的数学学习机会。同时，社区还可以组织各种数学竞赛和实践活动，激发学生的学习兴趣和积极性。

（二）教育共同体在数学教学模式创新中的应用

传统的数学教学模式往往注重知识的灌输和训练，忽视了学生的主体性和创造性。而教育共同体作为一种新型的教育组织形式，可以为数学教学模式的创新提供新的思路和策略。具体而言，教育共同体在数学教学模式创新中的应用体现在以下几个方面。

1. 合作学习模式的推广

教育共同体强调家庭、学校、社区之间的紧密合作和互动。在小学数学教学中，可以引入合作学习模式，让学生在小组中共同学习和探究数学问题。通过合作学习，学生可以相互启发、相互帮助，共同解决问题，提高学习效果和兴趣。

2. 项目式学习的引入

项目式学习是一种以项目为核心、以学生为中心的教学模式。在小学数学教学中，可以引入项目式学习模式，让学生在项目中学习和应用数学知识。通过项目式学习，学生可以深入了解数学知识的应用场景和价值，提高数学素养和实践能力。

3. 跨学科教学的实践

数学作为一门基础学科，与其他学科有着密切的联系。在小学数学教学中，可以加强与其他学科的融合和交叉，开展跨学科教学活动。通过跨学科教学，学生可以更加全面地了解数学知识的内涵和外延，提高数学学习的兴趣和动力。

（三）教育共同体在数学教学评价改革中的应用

教学评价是教学过程中的重要环节之一。传统的数学教学评价往往注重学生的知识掌握和考试成绩，忽视了学生的综合素质和创新能力。而教育共同体作为一种新型的教育组织形式，可以为数学教学评价的改革提供新的思路和策略。具体而言，教育共同体在数学教学评价改革中的应用体现在以下几个方面。

1. 多元化评价体系的构建

教育共同体强调家庭、学校、社区之间的共同参与和协作。在小学数学教学评价中，可以构建多元化评价体系，包括学生的自我评价、同伴评价、家长评价、社区评价等多个方面。通过多元化评价体系的构建，可以更加全面和客观地了解学生的学习情况和综合素质。

2. 过程性评价的重视

传统的数学教学评价往往注重结果性评价，忽视了过程性评价的重要性。在教育共同体中，可以加强过程性评价的实施，关注学生在学习过程中的表现和发展。通过过程性评价，教师可以及时了解学生的学习情况和问题，给予及时的指导和帮助。

3. 创新能力评价的探索

随着时代的发展和教育理念的更新，创新能力已成为评价学生综合素质的重要指标之一。在教育共同体中，可以探索创新能力评价的方法和策略，关注学生在数学学习中的创新思维和实践能力。通过创新能力评价的探索和实施，可以培养学生的创新意识和实践能力，提高数学教育的质量和效果。

四、教育共同体对学生全面发展的作用

在小学数学教育的背景下，教育共同体不仅为教学资源的整合、教学模式的创新和教学评价的改革提供了新的途径，更为学生的全面发展奠定了坚实的基础。本部分将深入探讨教育共同体对学生全面发展的作用，以期进一步揭示其在小学数学教育中的价值和意义。

（一）教育共同体促进学生数学素养的提升

数学素养是现代社会公民必备的基本素养之一，对于个体的终身学习和全面发展具有重要意义。在教育共同体中，家庭、学校、社区等多方主体共同参与、协同努力，为学生提供了丰富多样的数学学习资源和机会，有助于促进学生数学素养的提升。

首先，教育共同体通过引入家庭资源，让学生能够在日常生活中发现数学、应用数学，从而增强对数学学习的兴趣和动力。其次，学校作为教育共同体的核心，拥有专业的教学团队和丰富的教学资源。通过教育共同体的构建，学校可以加强内部资源的整合和优化，提高数学教学的质量和效果。最后，社区作为教育共同体的延伸，也可以为学生提供丰富的数学学习资源和机会，促进他们数学素养的提升。

（二）教育共同体培养学生跨学科的综合能力

数学作为一门基础学科，与其他学科有着密切的联系。在教育共同体中，通过加强与其他学科的融合和交叉，可以培养学生的跨学科综合能力。

首先，数学与科学、工程等学科具有紧密的联系。在教育共同体中，可以开展跨学科的教学和研究活动，让学生在实际问题中运用数学知识进

行分析和解决。例如，在科学实验中运用数学原理进行数据处理和分析；在工程设计中运用数学知识进行规划和计算等。这些活动有助于培养学生的跨学科综合能力和创新精神。

其次，数学与人文社会学科也具有密切的联系。在教育共同体中，可以加强数学与语文、历史、地理等学科的融合和交叉，让学生在文化、历史和社会背景中理解和应用数学知识。例如，通过语文中的文学作品理解数学中的概念；通过历史中的事件了解数学的发展历程等。这些活动有助于培养学生的文化素养和综合素质。

（三）教育共同体关注学生个性化和创新能力的培养

在教育共同体中，学生被视为独立的个体，其个性化和创新能力的培养受到高度重视。

首先，教育共同体强调学生的主体性和参与性。在数学教学中，教师可以采用合作学习、项目式学习等教学模式，让学生积极参与学习过程，发挥主体作用。同时，教师还应关注学生的个体差异和兴趣爱好，为学生提供个性化的学习支持和指导。这些措施有助于培养学生的自主学习能力和创新精神。

其次，教育共同体鼓励学生进行探究和创新。在数学教学中，教师可以引导学生发现问题、提出问题并尝试解决问题。同时，教师还可以为学生提供丰富的实践机会和平台，让学生在实践中进行探究和创新。这些活动有助于培养学生的探究精神和创新能力。

最后，教育共同体还注重培养学生的批判性思维和解决问题的能力。在数学教学中，教师可以通过引导学生对数学问题进行深入思考和探讨，培养学生的批判性思维和解决问题的能力。同时，教师还可以为学生提供具有挑战性的问题或项目，让学生在解决问题的过程中锻炼自己的思维能力和实践能力。这些活动有助于培养学生的综合素质和创新能力。

综上所述，教育共同体对学生全面发展的作用体现在多个方面，包括数学素养的提升、跨学科综合能力的培养以及个性化和创新能力的关注等。在小学数学教育中构建和应用教育共同体具有重要意义和价值。

参考文献

[1] 常磊，鲍建生. 情境视角下的数学核心素养 [J]. 数学教育学报，2017，26（2）：24-28.

[2] 曹培英. 小学数学学科核心素养及其培育的基本路径 [J]. 课程·教材·教法，2017，37（2）：74-79.

[3] 戴风明. 数学文化在数学教学中的缺失与对策 [J]. 数学教育学报，2011，20（6）：74-77.

[4] 黄宽娜，阳艳霞. 浅谈核心素养背景下小学数学教学中实施美育的必要性 [J]. 内江科技，2023，44（9）：128-129.

[5] 蒋长顺，周军. 新课标视角下中学数学启发式教学的研究 [J]. 科技信息，2012（16）：321-321.

[6] 孔丽丽. 核心素养下的小学教育专业数学课程改革分析 [J]. 中国多媒体与网络教学学报（电子版），2020（8）：232-233.

[7] 李卫兵. 基于核心素养的农村小学数学高效课堂的构建 [J]. 试题与研究，2020（6）：153-153.

[8] 李新. 培养学生逻辑推理素养的“数学实验”教学策略 [J]. 小学数学教育，2020（18）：4-7.

[9] 刘鹏. “特例”让数学复习课更加有效 [J]. 数学之友，2012（4）：75-78.

[10] 刘玮. 数学思想的本质意蕴及建构策略——基于小学数学教学实践的思考 [J]. 中国教育学刊，2014（6）：68-72.

[11] 刘艳芳. 小学数学核心素养的培养及课堂着力点 [J]. 华夏教师，2019（32）：11-12.

[12] 鲁大前. 概率论与数理统计教学反思 [J]. 数学学习与研究，2012

(19)：2-2.
[13] 麻桂英. 数学文化视角下过程性评价的探究与实践 [J]. 阴山学刊（自然科学版），2017，31 (2)：101-102.
[14] 欧方力. 浅析小学数学核心素养培养的思考与实践 [J]. 文理导航·教育研究与实践，2018 (11)：133-133.
[15] 钱芳. 在生活中学数学——基于核心素养所进行的小学数学教学 [J]. 数学大世界（上旬），2017 (2)：96-96.
[16] 施锦江. 基于核心素养发展的小学数学模型思想渗透探索 [J]. 当代家庭教育，2022 (10)：50-52.
[17] 夏龙波. 浅谈小学数学在实际生活中的联系和应用 [J]. 中国多媒体与网络教学学报（电子版），2019 (36)：137-138.
[18] 叶蓓蓓，黎诗瑜. 小学数学“综合与实践”领域教材内容的比较研究——以人教、北师大 2011 版第一学段为例 [J]. 数学教学研究，2015，34 (2)：23-27.
[19] 叶秀贞. 如何在深度学习中培养小学生数学核心素养 [J]. 新课程，2018 (31)：30-31.
[20] 张立珍. 核心素养下小学数学生本课堂的构建研究 [J]. 科学咨询，2019 (26)：109-109.
[21] 张淑玲. 小学数学教育中强化学生核心素养培养的方法探讨 [J]. 中国校外教育（中旬），2017 (3)：83-83.
[22] 钟彩锋. 基于核心素养的数学体验活动设计研究 [J]. 新课程导学，2022 (1)：68-69.
[23] 周莉. 对话教学与小学数学 [J]. 科学大众（智慧教育），2020 (2)：68-69.
[24] 周小丽. 导思相融，促进运算能力提升 [J]. 数学大世界（下旬），2021 (6)：47-47.
[25] 周学智. 基于 2014 年 CSSCI 统计数据分析《数学教育学报》的学术影响力 [J]. 数学教育学报，2015，24 (1)：94-99.
[26] 王艳. 新课标下培养学生数学核心素养探析 [J]. 成才之路，2017 (3)：42-42.

[27] 吴珊. 有效渗透模型思想，发展学生数学核心素养 [J]. 南北桥，2018 (14)：187-187.

[28] 杨华. 利用信息技术，提升学生的数学核心素养 [J]. 中小学电教（下），2017 (7)：62-62.

[29] 郑碧霞. 如何在简约教学中体现小学数学核心素养 [J]. 教师，2017 (16)：55-55.